Vers

para Monique Lemaître, cariñosamente, Roberto

sept. 100

COLECCIÓN
PREMIO NACIONAL DE LITERATURA

Creado en 1983 por el Ministerio de Cultura de la
República de Cuba, el Premio Nacional de Literatura
se concede anualmente al conjunto de la obra
de un autor cubano.
La Colección Premio Nacional de Literatura se propone
difundir obras significativas de los escritores galardonados
que, por su alta calidad estética, enriquecen
la literatura cubana.

Versos

Roberto Fernández Retamar

PREMIO NACIONAL DE LITERATURA

EDITORIAL LETRAS CUBANAS, LA HABANA, CUBA

Edición: Mayra Hernández Menéndez
Dirección artística y diseño: Alfredo Montoto Sánchez
Corrección: Sonia Carreras
Composición computarizada: Tatiana Sapríkina

I.S.B.N.: 959-10-0494-X
Depósito Legal: M-34446-1999
Imprime: S.S.A.G., S.L. - MADRID (España)
Tel.: 34-91 797 37 09 - Fax: 34-91 797 37 73

Instituto Cubano del Libro
Editorial Letras Cubanas
Palacio del Segundo Cabo
O'Reilly 4, esquina a Tacón
La Habana, Cuba.

AL LECTOR, A LA LECTORA

Por solicitud editorial realicé esta selección. Ella difiere de una anterior (que llamé, valiéndome de un título que ya había utilizado, *Algo semejante a los monstruos antediluvianos*) entre otras cosas porque ahora volví al orden cronológico de los cuadernos y libros de versos que he venido escribiendo hará pronto medio siglo. Me pareció que lo más aconsejable era nombrar el volumen así, *Versos*, dado que esta condición es, después de todo, lo más visible y audible que aquéllos tienen en común. Es curioso, sin embargo, qué infrecuente es encontrar ese título en libros más o menos semejantes a éste. Recuerdo en las letras cubanas ejemplos como (naturalmente) *Versos libres* y *Versos sencillos*, de José Martí; y también *Versos precursores*, de José Manuel Poveda; *Versos*, de Dulce María Loynaz; *Versos nuevos [...]* y *Versos pequeños*, de Eugenio Florit, o *Versos de la nueva casa*, de Cintio Vitier. Tal denominación no es tan elemental como pudiera parecer. Lo que Borges dijo del versículo es aplicable no sólo a éste, sino a todo verso real: que su forma tipográfica «sirve para anunciar al lector que la emoción poética, no la información o el razonamiento, es lo que está esperándolo». No puede decirse lo mismo de toda la prosa, aunque no poco de ella se presta igualmente a la poesía: esto último impide que se consideren separadas poesía y prosa, como con tanta frecuencia ha sido expuesto, de modo equivocado, incluso por voces ilustres. Hasta se ha hecho corriente hablar meliorativamente de lo poético y peyorativamente de lo prosaico, olvidando que el segundo término no remite a la realidad exterior a la literatura, sino a una forma de elocución. En prosa se ha escrito mucha de la mejor poesía que conocemos; y otras veces, páginas admirables por distintas virtudes, que en forma alguna autorizan a degradar al adjetivo constriñéndolo a aspectos infelices de lo cotidiano. Pero sin duda el medio más frecuente de la poesía es el verso real. Insisto en lo de real, ya que hay versos que son puro recurso nemotécnico o algo por el estilo.

Voy a aducir otra cita de Borges con la que también estoy de acuerdo. Se trata de aquella en la cual el argentino confesó:

> Descreo de las escuelas literarias, que juzgo simulacros didácticos para simplificar lo que enseñan, pero si me obligaran a declarar de dónde proceden mis versos, diría que del modernismo, esa gran libertad, que renovó las muchas literaturas cuyo instrumento común es el castellano y que llegó, por cierto, hasta España.

Sin duda llegó hasta España: así lo ejemplificaron autores como Unamuno, los Machado, Valle Inclán, Juan Ramón (desde luego), la generación del 27. Pero fue esencialmente un impulso americano, que empezó a revelarse en la década del 80 del pasado siglo, y encontró sus figuras mayores en Martí y Darío: el primero, sobre todo en la prosa; el segundo, en el verso, aunque ambos practicaran las dos formas. Los más renovadores entre los poetas que en este lado del Atlántico se valen del español reconocieron aquella fundación realizada por lo mejor del modernismo. Unos, remitiéndose en especial a Martí (cierta Gabriela, varios poetas del grupo Orígenes); los más, a Darío (Huidobro, Vallejo, Neruda, Borges, Paz, Cardenal, tantas y tantos más!); algunos, a ambos (Pellicer, Guillén). Se trató del inicio de una época, no sólo de un movimiento: una época que es todavía ésta, como he proclamado muchas veces. Durante las décadas más recientes de esa época escribí los versos que seleccioné para este libro. Es harto sabido que uno no escoge su época, y por tanto es innecesario detenerme en el hecho, y me limito a constatarlo. En el seno de esa época, me tocó vivir una etapa turbulenta bien conocida sobre la cual tampoco tengo que insistir. Pero dentro de una etapa, dentro de una época, las opciones son muchas. Las que ofrezco son mis opciones, que no voy a defender, pues ellas deben hacerlo por sí mismas.

R.F.R.

La Habana, 10 de octubre de 1998

De *ELEGÍA COMO UN HIMNO*
(A Rubén Martínez Villena)

(1950)

«No he venido para meter paz,
sino espada.»

MATEO (X, 34)

ESCRIBÍA PALABRAS PARA EL AGUA

«que tu mayor dolor quedará sin ser dicho.»

Escribía palabras para el agua
(Escala, ánfora, miel, ruiseñor, corza),
Alzando su cristal en el ligero
Lomo del viento: torres, muros rápidos.

Era una frágil búsqueda en la noche,
Un levantar su vuelo las palomas
Desde las cicatrices de la sangre,
Una larga pregunta por lo oscuro.

Allí el gemido se quedó clavado;
El pequeño dolor alzó su espada,
Efímera y fragante como un lirio
Para esa carne de tan bravo vuelo.

La palabra ambiciosa, la palabra
De piel enamorada hubo en su boca,
Para decir el pulso y la sonrisa
Y el minúsculo sueño y el ocaso.

Pero alzaron sus hombros las espigas
Hacia el alba, perfectas y adueñadas,
Y amenazó a su triste arquitectura
Tanta cruda semilla en áureo surco.

De *PATRIAS*

(1949-1951)

«Dos patrias tengo yo: Cuba y la noche.
¿O son una las dos?»

MARTÍ

«How do you know that ev'ry bird
that cuts the airy way,
Is an immense world of delight,
clos'd by your senses five?»

BLAKE

ESTA TARDE Y SU LLUVIA

El día es claro y firme ahora. Ha llovido.
Hay un vago recuerdo de la lluvia en el aire.
Las grandes hojas guardan sus minúsculas ruinas
—Múltiples ojos claros, gotas limpias y débiles—.
Pero ya el cielo está sencillamente azul
(También, es cierto, hay grandes nubes blancas
Que ondean su orgulloso algodón y sonríen),
Y el aire y su recuerdo se recuestan y duermen.
Esta tarde y su lluvia, he pensado en tus ojos.
Esta lluvia he pensado en tu piel, y esta tarde,
Con su cielo y sus nubes, he pensado en tus ojos.

Una tarde, me he dicho, lloverá frescamente,
Lloverá en nuestras flores, lloverá en nuestras hojas,
Nuestra casa será tejida por la lluvia.
(Allí sus hilos largos, de cristal delgadísimo,
Se enredarán quizá en nuestros propios pasos.)
Una tarde tan clara como esta misma tarde,
Lloverá en nuestra casa.
Por eso hoy, inexplicablemente,
Mientras su red sin peces descendía la lluvia,
Mientras las grandes flores acercaban sus labios
Hacia ese largo beso, yo pensaba en tus ojos
Tan tristes como míos, y en tus manos, y en ti,
Y en otra tarde casi como ésta.

PALACIO COTIDIANO

Yo decía que el mundo era una estrella ardiente,
Laberinto de plata, cerrazón con diamante;
Y ahora descubro el júbilo de la estancia minúscula,
La vida emocionada del vaso entre mis labios,
Más cristalino y claro si el sol se apoya y canta
En sus paredes límpidas. Ahora veo el dorado
Temblor que se levanta del pedazo de pan,
Y el crujido caliente de su piel. Y me es fácil
Entrar en el palacio cotidiano, manual,
De las enredaderas del patio, donde un príncipe
De silencio y de sombra calladamente ordena.

Y es que a esta vivienda que va horadando el tiempo
—La cual es más hogar mientras es más profunda—
Tú trajiste la primavera de tu beso;
Trajiste tus sonrisas, como una fina lluvia
Vista entre los cristales; trajiste ese calor
Dulce, para el reposo, para el sueño posible.
Y supo que era bello el mundo aun fuera de ese
Centro de perfección: el amoroso palio
Del rocío, y el vidrio que ostenta y rompe el aire.
Yo sentí levantarse un pueblo de pureza
Allí donde vivían ayer muebles y hierros.

Como quien abandona las lanzas y destina
Sus manos a los árboles, que se vuelven viviendas,
Mis ojos, amarrados a relámpagos de oro,
Dejo caer ahora sobre la pobre mesa,
Sobre la luz medida que ha inundado mi casa,
Sobre el silencio y la quietud que la acompañan:
Y miran cómo sale un sereno color,
Una vida armoniosa y honda de sus cuerpos.

DULCE Y COMPACTA TIERRA, ISLA

1

Dulce y compacta tierra, isla,
Estrella en el bajado cielo
Del Caribe, desde el que alumbras
Con la luz de los viejos huesos:
Hay que cantarte por los ojos,
Por el dominio de tu beso,
Porque en tu pecho conocimos
La mariposa junto al hierro;
Y hay que decir a los caminos
Descabellados de los vientos,
Cómo en tu boca resonante
Nace un rumor de enorme aliento,
Cómo las piedras se despeinan
Ante tu música y su vuelo,
Cómo los pájaros detienen
Su primavera entre tus cerros.
Pero también hay que cantarte,
Isla de fruta y blando pecho,
Porque subiste las espadas
Como si no tuvieran peso,
Agujereando el aire pálido
Con sus cristales justicieros.

Porque paraste las palabras
Con que adornabas tu silencio,
Buscando tu mirada luces,
Un más encariñado tiempo
Tu corazón, una alta estancia
Para habitar, tu amado cuerpo.

2

Dulce y compacta tierra, isla
Que en busca de tu propia casa
Vas agitando el corazón
Como una luz desesperada:
Mientras escondes en el viento
Las mudas lanzas de tus cañas,
Y el mar te muerde la cintura
Constelada de finas palmas;
Mientras el aire se estremece
Con las manos de tu garganta
(Ese incansable, agudo trino,
Como de pájaros de plata),
Es necesario que tus hijos
Te hagan dueña de la esmeralda
Con que refulge tu costado
—Tela hermosamente sembrada—,
Y que te pongan en el sitio
Desde donde ya te reclaman
La estatura azul de tu voz
Y tu vida, perfecta y clara.
Y es necesario también, isla,
Que se desboquen las guitarras
Y se preparen los silencios
Y se construyan las palabras
Puras y abiertas que te canten,
Para arrimar más la mañana
Del día claro de relámpagos
En que alzarás tu propia cara,
En que tus manos serán tuyas,

Y una canción esperanzada
Veremos brillar en tu frente
Como una eterna y ancha llama.

DÉCIMAS POR UN TOMEGUÍN

(Canto)

Ligero nudo del viento,
Oro decidido agarra
Su minúscula guitarra
Y alza en rumor el momento.
Vive de mejor sustento
El aire allí detenido,
Por el pequeño sonido
Que desciende con su vuelo
Como un diminuto cielo
A música concedido.

(Vuelo)

¡Qué fuga limpia o fragancia
Vertiginosa transita,
Como una súbita cita
Del ala y de la distancia!
¡Qué plumas el aire escancia
—Herido aire, soldado
Por sí mismo asaeteado—!
¡Qué mágico va su vuelo!

¡Qué pájaro por el cielo
Va a pasar, cruza, ha pasado!

De *ALABANZAS, CONVERSACIONES*

(1951-1955)

«...O
clartés! o faveurs!
Appelant toute chose, je récitait
qu'elle était grande, appelant
toute bête, qu'elle était belle
et bonne.»

ST.-JOHN PERSE

LA REALIDAD

La realidad no ceja: está dándose
De ruido en adverbio, de
Arbolados en conversaciones,
Incesantemente renovada,
Sin desmayo, sin detención.
Vivo río de todo, boca
Que es a la vez la canción
Y lo que la canción alaba;
Que es el mundo que elogio, y este
Letrerío en que lo digo,
Y mi mano también, y el alma.

Tú no cejas: que yo no ceje
En ti, que es lo que soy,
Mirada de tu agua, labio,
Sitio de tu gran rostro
Cuyo reposo es crecer más.

BIENAVENTURANZA DEL IDIOMA

Sitio del corazón, amigo que con serena mansedumbre
Recibes la caída del pecho, la diaria agonía,
El ruido de la vida, en el profundo vasto ámbito.
Hermano mejor, hijo mío, padre de estatura sin descanso,
Tú guardas el golpe y perseveras, y guardas
La caricia perdida entre las letras y el alarido
Desplomado como una real columna de fuego
Sobre tu gran río blanco; conservas el desvelo
Bajo las estrellas de la isla, resuelto
En canciones apresuradas, que las espaldas
De errantes papeles llevan; tú preservas
Del devorante otoño un cuerpo escaso de verdades,
Unos cuantos gemidos adonde su viento no llega.
Único oído el tuyo al que sin cesar confiamos
Todo lo que nos atraviesa el vacilante pecho,
El sueño del cuerpo, el tremante corazón:
Esta misma alabanza se interna en ti, en ti consigue
Una callada vida de sangre siempre vuelta.

PALABRA DE MI PUEBLO

Canta a mi lado, sustenta mi oído,
Entre trabazón de números
Que esconden ambiguas bestias,
Aventuras frutales, dura
Fidelidad a las cosas ásperas
Y final temblor de letras,
Como voz de adolescente.

Sale de polvorientos billetes,
De estentóreas bocas obreras
O de risas relucientes,
Y corre sobre las azoteas
Que blanden humildes banderas,
Sobre solares apagados
Y calles muchas y ligero aire,
Hasta estancias de reposada vida.

Sustenta mi oído, canta a mi lado,
Lengua siempre recién hecha,
Rota y atendida siempre,
Abierta y alegre como pecho de pobre:
Acoge mi atención, colma mi boca.

UNO ESCRIBE UN POEMA

En el agujero del silencio
O sobre la algarabía descuidada infantil,
Encontré un árbol solo con flor rosada
Abriendo su caudal sobre la acera:
Tenía la cresta contra la mañana del cielo,
Y era como una mano, era como
Un pensamiento. Lo viví
Con tanta fuerza, que nos quedamos aún más solos
El árbol de flor rosada y mi alegría.
Pero luego pensé: triste, acaso imposible
Era este príncipe hasta que yo vine,
Y mis ojos, que atestiguan su perfección,
También le dan realidad. Y esta felicidad
Mía, a solas, quizá es también imposible,
Es como un árbol de flor sin embargo necesaria
Que se desperdicia entre silencio y ruido,
Inexistiendo tal vez, sin el ojo
Que al mirarla, alegrándose,
La haga de veras. Entonces
Uno escribe un poema.

HACIA EL ANOCHECER

«Que allí tuve un buen amigo»

MARTÍ

Hacia el anochecer, bajábamos
Por las humildes calles, piedras
Casi en amarga piel, que recorríamos
Dejando caer nuestras risas
Hasta el fondo de su pobreza.
Y el brillo inusitado del amigo
Iluminaba las palabras todas,
Y divisábamos un poco más,
Y el aire se hacía más hondo.

La noche, opulenta de astros,
Cómo estaba clara y serena,
Abierta para nuestras preguntas,
Recorrida, maternal, pura.
Entrábamos a la vida
En alegre, en honda comunión;
Y la muerte tenía su sitio
Como el gran lienzo en que trazábamos
Signos y severas líneas.

LOS OFICIOS

«yo respeto
La arruga, el callo, la joroba, la hosca
Y flaca palidez de los que sufren.»

MARTÍ

El zapatero

Grueso, seguramente vivo,
Con paso de señor severo,
Va por el parque, ondula
Como un barco grave. Le decimos
Algo de la piel, del color,
Del tacón, de que mañana
Recoja o devuelva los zapatos.
Atento asiente, con su gran saco
Al lado jadeante, como un niño;
Luego lo carga otra vez, paternal,
Hace señas de saberlo quizá todo,
Y respirándose el aire entero
Hacia el cielo de oro camina,
Tan verdadero y tan cabal
Que el pecho se le llena a uno
De algo como orgullo o deleite
Al saber que un emperador secreto
Se desvela por nuestros zapatos.

El ladrón

Podría estar triste, pero está
De pequeño aventurero;
Le suenan en la oreja continentes,
Breves selvas, hierros, palacios.
(Quiero decir que entra al jardín
Y por la ventana se allega
A las estancias sordas de un señor.)
¿Qué hacer con candelabros y copas,
Con anillos, con monedas, con
Estatuillas, con arracadas
Que son como los ojos de la sombra?
¡Tanta madera oscura vuelta
Mueble terrible, tanto sinsonte
Descendido en la almohada! La aventura
Se abre como la venganza o la justicia,
De tan secreta, desconocida. ¡Y pensar
Que puede concluir este laborioso,
Este artífice de la pequeña audacia,
Lejos de las humildes estrellas,
Impedido de asolearse en los parques!

El mendigo

Está rodeado de poemas.
Lo golpean los pronombres.
También los endecasílabos puros.
Monedas que no tiene saltan
Como pájaros por el sombrero.
Algunas sonrisas, la barba,
Una lata de oro le bastan.
Bajo las matas más hermosas
Yace con la arboladura a cuestas
De los cometas y los dioses.
Dicen que se levanta riendo
Como un obrero que fabrica
El dinástico palacio de nadie.

¡Qué amistades más verdaderas
Las de los perros y los papeles!
Está rodeado de letras.
No sabe leer ni morir.
Inutiliza diariamente todos los libros,
Selva pastosa de otro humo.
Suyo es el reino,
El reino.

El maestro

Enseña lo que es cientotrés,
Un archipiélago, un leopardo;
Enseña los dientes amarillos,
La tela donde tanto estuvo el tiempo
Que se parece a una laguna;
Enseña a cantar, a decir verdad,
La corbata anudada al árbol,
El árbol anudado a la raíz,
El corazón, la calle roída
Por los atlas donde el agua se queda
Maravillosamente quieta mientras la rosa
Gira entre el polo blanco y el dedo
Que va de Oceanía al tintero,
Y luego al oído que atiende
Cómo se suman decimales,
Hasta que llegue por fin el timbre,
La algarabía, las naranjas.
Enseña su pobre vida como un diamante
Que nadie se detiene a mirar
Porque parece una escama de copa.

El vendedor de periódicos

Negro, blanco, rojo, azul
El vendedor de periódicos canta
Su ópera donde la doncella

Huye con alas de papel,
Y donde el vasto caballero
Entre carros y verduras
Y algunos alumnos premiados,
Con hierros y pastillas la sigue
Hasta el pie de la próxima página.
El niño casi convencido afirma
Que es la última, que hubo mucha sangre:
Parece que jugara a estar
Ofreciendo el mundo, proponiendo el país
Como un dios travieso. Pero alguien
Lo llama, lo deshoja, lo echa
Por el agujero del ómnibus.
Y el dios breve no se transfigura
En el vengador colérico que esperamos,
Y olvidado de que fundaron lágrimas
Dice lejos que es la última, que hay sangre.

De *AQUELLAS POESÍAS*

(1955-1958)

«Yo soy aquel que ayer no más decía»

DARÍO

EN EL MAR. ÍTACA

Al marinero grande acodado en el barco
Interrogamos sobre la piedra vasta y agria
Que algo turbada de cipreses sale del mar.
Se llama Ítaca. Querríamos saber
Dónde vivió el astuto, dónde hizo
Quemar el flanco grasiento de las vacas, dónde
Tendía su arco para hacer volar las maderas,
Para cuidar a quien desvela el lino.
Todo arrancado con tierra y papeles de los ojos.
Pero el marino, que ha estado lejos,
Arrojado como un pan viejo fuera de su mesa;
Que vio La Habana una tarde
Y el Japón pintado de temblor violeta cuarenta días
        después,
Desde el filo del barco nos dice:
Odiseo ha muerto.
                    Y mientras tanto
Los emigrantes han ido subiendo como caballos.

EPIDAUROS

Si se enciende un fósforo en Epidauros,
El rasgueo se escucha en las primeras filas del teatro,
En las otras, en las más altas,
En las últimas, donde los hombres parecen posibilidades.
Si se da un golpe en Epidauros,
Se escucha más arriba, entre los árboles,
En el aire. Si se canta en Epidauros,
Lo saben los montes, las nubes, la bahía;
Las islas acercan el oído;
Los otros países se inclinan un poco
Para oír cantar en Epidauros.

(Entonces, bajando las gradas que escalaban como perros
      los hexámetros,
Uno piensa: ¿quién escucha
Cuando alguien da allá una canción, una llama?)

ABANDONAR PARÍS

París imaginario queda cantando autos
Donde todavía galopan los caballos,
Un río en el sitio del corazón,
La librería fragmentaria bajo las ramas.

Cada día que boquea es el último
Día de la vida pasada. Pero el día
Que dejamos París, es el último.
Parecido a un juicio, a una muerte.

Todavía queda una paloma
Y vino a aletear junto al ómnibus.

El puente, los puentes, lo increíble.

La torre horrible es una golondrina.

Las calles discurren recovecos,
Exposiciones de escobas emplumadas.
(Es la ciudad más antigua del porvenir.)
A medianoche salen los demonios,
Al mediodía arden los reyes,
En las mañanas se cogen las alas
Y vuelven de un grito a suponer la ciudad.

Abandonar París es abandonarse.

LA ADORACIÓN DE LOS REYES

Con sus tupidas vestiduras, los comerciantes,
Pulcros y enjutos (malicioso uno
Mira hacia atrás para arreglarse la capa
Que vuela verde tras el brazo seguramente asesino),
Han venido con sus vasallos, centelleantes los ojos,
Pensando en el barco que, como un pájaro desplegado,
Aguarda en el puerto de Amberes, colmado de hierbas
      olorosas, de oro,
De maderas, para volverse casas rectas, tierras
Echadas, como el varón, sobre las aguas. Piensan
En las monedas, en las copas, en los interiores
Con luces y cristales, en vastas mujeres extranjeras de
      dientes blancos
Para sobrellevar las secas flamencas. Piensan
En la excelencia áspera de la vida.
                                    Pero
Un resplandor los sorprendió como un golpe, en la
      cerrada
Noche de los Países Bajos. Y, por un momento
Reyes, acuden a humillarse, lejanos
El barco, el vidrio, el oro, los dientes blancos.

TUMBA PARA ANTONIO MACHADO

Un amigo, conversando: —Les llegará
Noticia del traslado de los restos
De Antonio Machado. Van a comprar
El terreno, etcétera.
La osamenta al voleo,
Levantada otra vez como una torre
Vacía ahora, para caer
¿Dónde?, ¿detrás de este árbol?, ¿allí
Junto a esas piedras,
Losas gastadas por las plantas
De tantos adoloridos que han regresado
A ser enormes dientes desparramados
De la boca oscura?
Antonio Machado: golpes de azada en tierra
Van a llamarte el raído esqueleto,
Van a darte una pequeña resurrección,
Van a echarte en un saco como a Pierre,
Como a Jean, como a Philippe, como a un gato,
Y te van a devolver a la piadosa,
A la voraz, hasta ¿quién sabe?
Habrá un poco de viento,
Alguien hablará de las nubes, se oirá decir
España...
       Luego, a silenciarse otra vez
En el horror de cada noche,
Siempre buscando a tu tierra y a Dios entre la niebla.

LOS QUE SE CASAN CON TRAJES ALQUILADOS

Los que se casan con trajes alquilados,
Desmemoriados,
Olvidados
De que dentro de dos días
Tanto principesco telar,
Acompañante de la gárrula tarde
Y de las lágrimas aducidas al final,
Debe estar devuelto, lo menos ajado posible
(El anuncio compartía una enorme pared
Con un letrero absurdo, ¡y sin embargo!);
Y recordando en cambio, sin duda,
Que en cinco, seis horas yacerán gloriosos,
Avanzan incorruptibles, pálidos
Como guantes.
          Ella,
Difícil y vigilada;
          y él,
Feliz, aunque no pudieron del todo arreglarle
La espalda, y el hombro le tira un poco.

De *SÍ A LA REVOLUCIÓN*

(1958-1962)

«Pero lo que importa es la Revolución
Lo demás son palabras
del trasfondo
de este poema que entrego al mundo
lo demás son mis argumentos»

ESCARDÓ

El caballo, la mariposa, el marinero, el gato,
El pescado grande y el pescado chico
La meten aullando en el festival del que no se sale
Sino con los pechos cortados.
                               El aura tiñosa
Y la lombriz se regocijan. El caracol se distrae.

Pero el número de ojos diurnos se levantará de nuevo,
Recto, altivo, casi divino,
Con algo de arcángel sin réplica,
Y echará a volar el aquelarre despedazado
Dejando herida pero renaciente
La carne de la doncella despierta.

EL OTRO
(Enero 1, 1959)

Nosotros, los sobrevivientes,
¿A quiénes debemos la sobrevida?
¿Quién se murió por mí en la ergástula,
Quién recibió la bala mía,
La para mí, en su corazón?
¿Sobre qué muerto estoy yo vivo,
Sus huesos quedando en los míos,
Los ojos que le arrancaron, viendo
Por la mirada de mi cara,
Y la mano que no es su mano,
Que no es ya tampoco la mía,
Escribiendo palabras rotas
Donde él no está, en la sobrevida?

ÚLTIMA ESTACIÓN DE LAS RUINAS

Hace algún tiempo hablé de ruinas. Era
Entre frondosos versos jóvenes, y puse en su cabeza,
Como corona grande a rey pobre, éste de Éluard:
Mirad cómo trabajan los constructores de ruinas.
Pero yo no había visto ruinas. Las que nombraba
Eran de papel, de letras, de alusiones.
Y hasta de ésas, tan tenues, me fui olvidando.

Luego, una mañana, en el aire
De Londres, las ruinas se me echaron encima.
A la vuelta de una calle,
Ruinas vivas, ruinas muertas: la escalera solitaria
Levantada como un pajarraco
Y abriendo alas chirriosas,
La pared en que se olvidó pintada la casa,
El mapa brusco en el polvo, donde se arrastra
El corredor que a ninguna parte conduce.
Y el cielo inmenso circulando por los ojos
Vaciados del humoso cráneo.
Sobrecogido anduve entre el hueco de la ciudad.
Pero eran ruinas europeas, ruinas del mundo
Que se va despedazando a golpes eléctricos
Entre tazas de té y vanas composturas.
Vuelto a la luz de la isla, fui olvidando esas ruinas.

Entonces las ruinas se levantaron de las letras,
Desbordaron los cementerios europeos,
Los constructores de ruinas nos nacieron
Y la ciudad tan frágil, herbosa,
Y la de techos rojos y múltiples
Se hicieron espantada conversación del mundo,
Y largas caravanas vieron las calles polvosas
Bajo el tableteo y el trueno que se ignoraba
De dónde provenía —ronco, indeciso—.
Vi las ruinas después. No las contadas,
No las lejanas, sino las familiares,
Sino las fraternas: los agujeros
En las asombradas casas campesinas,
El evaporado almacén, como un rostro cariado.
(*Tuvimos*, dice el anciano grave,
Noventa y un muertos en la ciudad.)
No tapó esta vez la luz exagerada
De la isla a esos muertos, a esas piedras.
No importa que la alegre espuma de vivir
Se aprestara a restañar las puertas, a suavizar las grietas:
Ruinas inconcebibles, en el otoño suave
Construidas de súbito, ladrillos desperdigados, ojos
Fijos y muertos no cesan ya de mirar, de demandar
Una memoria inagotable, la que se le negó
A la ruina escrita, a la ruina inglesa o italiana.
(*Eso pasó en otra parte*.)
No hay otra parte. Ésta es la otra parte:
La que conoció el horror para que alimentara la esperanza.

Se olvidaba al ciego, sentado
En un rincón de la tosca vivienda.
Sabía del mundo por los ávidos
Y minuciosos dedos que como algas
Andaban por las cosas; y por
Los encontronazos que no podía
Evitar su cayado; pero sobre todo
Por el leal oído, despierto
Aun cuando dormitaban los secos ojos.
Y los oídos le decían
Otra vez, otra vez, las ásperas
Palabras de los hombres
Cuyos pies se repetían taurinos, cuyas copas
De labrados metales entrechocaban,
Cuyas armas revolaban, pájaros enormes
Entre risotadas imperiales.
El vacilante ciego que había olvidado
El brillo de la espada y el color de la sangre,
Sentado en su rincón, quería
Habitar también esa vida
Que era la vida de los otros.
Y recordó los verdaderos imaginarios,
Otros para todos,
Aun para los impetuosos de la casa

Que fatigaban su laborioso oído.
Y suplicó a la arisca deidad
Que se los entregara vivos
A él, el arrinconado, el inútil.
Le musitó para comenzar: «Musa,
Canta del Peleida Aquileo la cólera...».

ADIÓS A LA HABANA

Que llevo tropezada como una casa
Desde el mar que la circunda y le exige
Hasta los barrios y los primeros caseríos.
Ciudad agrietada cada día por el sol
Y rehecha desde el anochecer
Para que la mañana la encuentre de nuevo intacta.
Con sólo algunos papeles y muchos besos de más.
Única ciudad que me es de veras.
Ni mejor ni peor, ni llena ni pobre: verdadera.
En ella, aldea o paraíso,
Conocí el asombro, conocí el placer,
Conocí el amor, conocí la vergüenza, conocí la esperanza,
Conocí la amistad, conocí el hueco paciente y terrible
De la muerte, conocí el esplendor
Cuando empezaron de nuevo un año y un pueblo.
Lo otro es llenarse los bolsillos
Para la fiesta del regreso.
Aún sin abandonarla, ya se preparan las preguntas.
No sólo preguntas retóricas:
¿Voy a cumplir treinta años lejos de La Habana?
Sino sobre todo preguntas como:
¿Qué haré sin la ventana abierta al cielo?
¿Qué haré sin la grieta de la pared de mi cuarto,
Sin los garabatos en la acera,

Sin los árboles de la cuadra, sin la llamada del teléfono,
    sin el coro de los choferes?
La ciudad es también (me dirán) el alimento podrido de
    la traición
Y las bocas fruncidas que graznan con un taconeo rápido.
Pero esas sombras desaparecen
Con un solo golpe inmenso y cristalino del mar,
Con una voz antigua como el tiempo
Que se desbarata contra los arrecifes y vuela sobre la
    ciudad:
Sobre El Vedado carcomido, gris, echado bajo árboles,
Sobre el Malecón veloz de los amantes, los ilusionados
    pescadores y los niños,
Sobre las viejas fortalezas,
Sobre los parques atestados de héroes de piedra,
Sobre los muelles últimos y tenaces.
Allí, en su borde blanco, en su borde añil,
Está tendida a beber la ciudad.
Saluda a Casablanca del amor
Y se incorpora en avenidas de árboles y carros,
Atraviesa el vicio silbador, se escurre
Entre callejas de maltratado prestigio
Llenas de banderas, hierros y agua sucia;
Especula, cuenta, vende,
Hace castillos equilibristas de frutas,
Hojea revistas, busca telas y perfumes,
Canta como una selva profunda,
Persigue en la noche la danza de la noche,
Y luego del Obispo y de Neptuno,
Luego de La Rampa y de La Playa,
Se recoge hacia suaves tinieblas:
Vuelve a La Víbora, regresa a Santos Suárez,
Al Cerro, a Luyanó,
Cierra los ojos, aguarda los pregones.

CON LAS MISMAS MANOS

Con las mismas manos de acariciarte estoy construyendo
una escuela.
Llegué casi al amanecer, con las que pensé que serían
ropas de trabajo,
Pero los hombres y los muchachos que en sus harapos
esperaban
Todavía me dijeron señor.
                                Están en un caserón a medio
        derruir,
Con unos cuantos catres y palos: allí pasan las noches
Ahora, en vez de dormir bajo los puentes o en los portales.
Uno sabe leer, y lo mandaron a buscar cuando supieron
que yo tenía biblioteca.
(Es alto, luminoso, y usa una barbita en el insolente rostro
mulato.)
Pasé por el que será el comedor escolar, hoy sólo señalado
por una zapata
Sobre la cual mi amigo traza con su dedo en el aire
ventanales y puertas.
Atrás estaban las piedras, y un grupo de muchachos
Las trasladaban en veloces carretillas. Yo pedí una
Y me eché a aprender el trabajo elemental de los hombres
elementales.

Luego tuve mi primera pala, y tomé el agua silvestre de los
    trabajadores.
Y, fatigado, pensé en ti, en aquella vez
Que estuviste recogiendo una cosecha hasta que la vista
    se te nublaba
Como ahora a mí.
                ¡Qué lejos estábamos de las cosas
    verdaderas,
Amor, qué lejos —como uno de otro—!
La conversación y el almuerzo
Fueron merecidos, y la amistad del pastor.
Hasta hubo una pareja de enamorados
Que se ruborizaban cuando los señalábamos riendo,
Fumando, después del café.
                    No hay momento
En que no piense en ti.
                Hoy quizá más,
Y mientras ayude a construir esta escuela
Con las mismas manos de acariciarte.

CARTA A FAYAD JAMÍS

Por poco olvidamos para siempre aquel primer
  encuentro.
Afortunadamente no ha sido así: por aquí andas
Todavía, entregando a un vejete aquel libro de carátula
  rizada
Y verde. Tienes cara de tomar en serio ese hecho,
Y por todas partes la provincia sopla en ti como un
  acordeón,
Hay todavía a la puerta, entre olor de frituras y de mar,
Y gente que pasa voceando periódicos chorreados de
  noticias,
Y un billetero cojo, y muchas otras cosas; hay todavía a la
  puerta,
Algo después, dos muchachos recelosos que hablan de
  poesía.
Creo que éramos muy jóvenes, pero no estoy seguro.
  Probablemente
Es ahora que somos jóvenes, y entonces teníamos mil años
  cada uno.
Tus mil años habían transcurrido entre pueblos que se
  espolvorean
En el mapa, y dejaban sabor a ómnibus, a guitarra, a hierba.
Pero los más tremendos iban a ser los próximos mil años.
Cuando, siglos después, subí aquella escalera

De la calle Reina, lo supe así. Era en vano subir, porque
no se subía
Hacia la luz. Aquella mentira verdadera era una vida
De poeta, y aquel camastro en que yacías, y aquellos libros
Echados entre zapatos, eran un cuarto de poeta. Creo que
has hablado
Bastante de las moscas, la escalera, el polvo, algún sillón,
los amigos.
Así se hacía la poesía entonces. Pero era duro y lejano,
Y un día apareciste en París, desde luego. En París
Te fui a ver entre lechugas y botellas vacías de vino,
Al fondo de no sé qué fondo, más atrás, a la derecha,
Doblando luego, encogiéndose, agachándose hasta pasar
detrás
De lo más escondido, y luego, todavía un poco más atrás.
Allí te encontré, no sin antes esquivar unos cajones
grandes como abuelos.
Pero al fin llegué; o mejor, llegó mi abrigo y me arrastró.
Y volví a ver el camastro que te habías llevado a cuestas,
Dios sabe cómo, a través del océano y calle Daguerre
arriba.
Pero en realidad, mi querido Moro, me parece que todavía
no habíamos empezado a hablar.
Teníamos tantas cosas que callar, que cada vez que íbamos
a decirnos algo
Transcurrían muchos años, pasaba un vendedor de frutas,
Llegaba un policía o algo por el estilo. Y lo dejábamos para
más ver.
Para menos oír.
                    Entonces llegó la Revolución.

Entonces llegó la Revolución. Y tuvimos tantas cosas que
decirnos,
De repente, en torno a un viejo soldado muerto,
Mientras alguien leía sus antiguos poemas en la
Universidad,
Junto al mar de Casablanca donde casi todo sucede,
Especialmente si hay estrellas en la noche.

Lo demás no es historia, no es memoria:
De aquella brújula pequeña y herbosa en la mano de un
    niño,
De aquel polvo, aquellos pasos en la penumbra
    semicerrada,
Claro que iba a levantarse esta guitarra limpia que hoy
    celebramos
Los amigos de ayer y sobre todo los amigos en el porvenir
Cuando seguiremos cantando canciones bellas como las
    que soñamos
Hace doce años, a la puerta del caserón, entre olor a
    frituras
Y sabor marino y periódicos en los que en vano
    buscábamos entonces
Esas noticias que hoy florecen en las páginas ¿de los
    periódicos?, ¿de los poemas?

CARTA A ROQUE DALTON

Roque Dalton, caramba,
La verdad es que no esperaba encontrarme tu poesía
En aquel montón, y de pronto
Empezaste a escupir y a reírte desvergonzadamente
De tantas cosas, y supe
Que allí estaba un poeta.
Luego fui entrando cada vez más,
Por puertas y ventanas, en aquel libro
Que los profesores pudibundos no van a poder
Enseñar a sus alumnos,
Y del que van a tener que sacar con cuidado
Los versos, si es que quieren mostrarlos en las antologías.
(Cosa que, por lo demás, deben hacer
Para que los muchachos les tiren piedras después.)
Da la impresión de que de tus poesías
Salen desbaratándose y manchando esas palabras que
    parecen tan poderosas a los niños
(Aunque después averiguamos melancólicos que son
    como las otras);
Palabras con las que uno esperó una pequeña fama en el
    barrio,
Y apenas lee ahora en los libros con que sustituimos el
    haber dejado de ser niños.
Verdaderamente, me encontré muchas cosas en tu poesía.
Desde luego, había cárcel, había recuerdos, había insultos,

Había amores sobre la hierba, como el del toro y la vaca,
Había muchachas fragantes y viejas menos fragantes,
Había amigos, había viajes,
Había la desdicha y el crimen, la estupidez y la cobardía,
Los tiranos y los tontos.
Y había la Revolución tal como la hacen los hombres (no
    los libros),
Llena de coraje y cosas, con odio a tus curas
Y con ganas de cobrársela de una vez para siempre
Al embajador americano.

Para qué te voy a decir otra cosa: en mi isla vienen bien
Esos desparpajos de puma borracho.
Ya ves cómo está listo nuestro aire para rajar al mundo.

EPITAFIO DE UN INVASOR

Agradecido a Edgar Lee Masters

Tu bisabuelo cabalgó por Texas,
Violó mexicanas trigueñas y robó caballos
Hasta que se casó con Mary Stonehill y fundó un hogar
De muebles de roble y *God Bless our Home*.
Tu abuelo desembarcó en Santiago de Cuba,
Vio hundirse la Escuadra española, y llevó al hogar
El vaho del ron y una oscura nostalgia de mulatas.
Tu padre, hombre de paz,
Sólo pagó el sueldo de doce muchachos en Guatemala.
Fiel a los tuyos,
Te dispusiste a invadir Cuba, en el otoño de 1962.

Hoy sirves de abono a las ceibas.

A MIS HIJAS

Hijas: muy poco les he escrito,
Y hoy lo hago de prisa.
Quiero decirles
Que si también este momento pasa
Y puedo estar de nuevo con ustedes,
En el sillón, oyendo el radio,
Cómo vamos a reírnos de estas cosas,
De estos versos y de estas botas,
Y de la cara que ponían algunos,
Y hasta del traje que ahora llevo.
Pero si esto no pasa,
Y no hay sillón para estar juntos,
Y no vuelven las botas,
Sepan que no podía
Actuar de otra manera.
Estén contentas de ese nombre
Que arrastran como un hilo
Por papeles.
Disfruten de estar vivas,
Que es cosa linda,
Como nosotros lo hemos disfrutado.
Quieran mucho las cosas.
Y recuérdenme alguna vez,
Con alegría.

Octubre de 1962

DE *CORTESÍA, COMO REYES*

(1953-1965)

JOSEFA GARCÍA

Josefa García es pura
Como su nombre hecho de polvo.
Josefa García es violeta
Como los grandes atardeceres
Que se derraman sobre Cuba.
Josefa García atiende
Los rectos ojos de un poeta.
Josefa García está
Inclinada sobre un niño
Y le pone ramas, piedrecitas,
Suave barro, pétalos, hojas.
Josefa García habla
Todos los días con los pájaros,
Con los conversadores gorriones
Y con los colibríes tímidos.
Josefa García arrastra
Su nombre escaleras arriba,
Coge un grueso libro, lee, escribe
Con una pluma temblorosa
Y luego se parece al humo.
Josefa García habla de Keats
Como los cometas mencionan al viento,
Amigo largo y de pelo azul.
Después cierra por un rato los ojos,

No dice nada, calla, se alegra:
Le sucede en su memoria
Una llamarada que se excusa
Pasándose la rota mano
Por la frente incesante y pálida.
(Josefa García entonces
Frecuentemente se sonríe,
Pero algunas veces llora.)

30 de agosto de 1953

VISITACIONES CUBANAS

Magistro silvaeve Alfonso Regibus

Antes que flautas y sandalias
Mexicanas sobre mi isla,
Hacia la aérea transparencia
De la alabanza alejandrina

(Escapado del magro jefe
Que usufructuaba nombre de
Venablero de los pinceles),
Enviábamos a Cortés,

Varón de candela y mirada,
El deslumbrado primero ante
Esa enroscada platería
Que de Tenochtitlán aún sale.

Y luego, ¿cómo hacer memoria
Toda?: la caudalosa cresta
Del ensombrecido en Cholula
De teocali y de adolescencia;

Aquel secreto *Orestes* magno
Que hasta a su Clitemnestra amó,
Y tuvo en la planicie de oro
Su Pílades del corazón;

Y cuántos que, cerrado el cielo,
Viendo lejanos astros, se echan,
Sobre los hombros ateridos,
De Dante y Juan Ramón la tela.

En ese maestro bosque amigo
Mis ojos sus miradas ponen:
Ponen un sinsonte silvestre
Que habla con lujoso zenzontle.

21 de diciembre de 1954

DÍPTICOS SOBRE ALUMINIO

A Octavio Paz

Octavio llega en un navío alejandrino.
Ella surge de entre las amapolas.

Octavio se persigna con un puñal.
Ella baraja los pinceles del agua.

Octavio se viste de catarata.
Ella repite la palabra musgo.

Octavio sube a los árboles por las espirales.
Ella sostiene un manojo de suspiros.

Octavio se ríe hasta el olvido y se sumerge.
Ella se convierte en idioma y la conjugamos.

París, 31 de julio de 1960

Un momento entre óleos de Mariano y manchas de
    humedad,
Junto a un grueso jarrón de bronce cuneiforme,
Y el soplo ladeado de la voz de doña Rosa, anunciando
Que Joseíto viene para acá: anoche
No ha dormido bien usté sabe Retamar cómo es el asma,
Era lo necesario para que llegara bamboleándose
Y su palma húmeda pasara de encender el tabaco
    posiblemente eterno
A dar ceremoniosamente la mano que alzaba aquella gruta
    a palacio,
Aquel palacio a flor de loto conversada, a resistencia
De guerrero o de biombo de Casal.
Recogíamos el último número de *Orígenes*, olorosa aún la
    página,
Con algo de Alfonso Reyes o unos versos de un poeta de
    veinte años,
Y no hacíamos demorar más el ritual del Cantón.
Adelaida había guardado para entonces su silencio,
Rajado a momentos por su mejor risa valona.
La noche se abría, por supuesto, con mariposas.
Aparecían platos suspensivos, bambú y frijoles
    trasatlánticos
Junto al aguacate y la modestísima habichuela.

Ya habían saltado del cartucho previas empanadas,
Y por encima de alguna sopa y del marisco misterioso,
La espuma de la cerveza humeaba hasta adquirir la forma
De una Etruria filológica, calle Obispo arriba,
Posiblemente con Víctor Manuel, una pesada mañana de
    agosto.

Tú serás el animal, oigo decir todavía.

Los ojitos desaparecen por un instante
(Después de haber brillado como ascuas húmedas),
Tragados por la risa baritonal primero, luego aflautada
En el Bombín de Barreto.
                      O, grave
(Esto es más bien en sillones, frente a un obsesivo dibujo
    de Diago,
Un cuerpo que se curva o quizá se derrite),
La evocación sobre los tejados de La Habana,
La *forifai* en la mano de D'Artagnan, cruzada con la otra
    en el cuadro de Arche
(Pudo haber sido Arístides Fernández),
Y atrás un parque que siempre me ha hecho pensar
En la plazoleta de nuestra Universidad,
De donde baja con risa la manifestación hacia la muerte.

Todavía nos esperan extrañas aves
Posadas en los adverbios, arpas para ser reídas hasta la
    última cuerda,
Cimitarras entreabiertas, abandonadas por el invisible
    camarero
Que sirve el té frío con limón, porque aquí el café es muy
    malo.
Aunque, a la verdad no puede pedirse más por un peso.

Infelices los que sólo sabrán de usted
Lo que proponen (lo que fatalmente mienten) los
    sofocados chillidos de la tinta;
Los que no habrán conocido el festival marino,
Aéreo, floral, excesivo, necesario,

De una noche del restorán Cantón —de una noche del
     mundo
Girando estrellado en torno a La Habana que nos esperaba
     afuera
Con billetes de lotería, algarabías descascaradas, y el
     viento arrastrando
Papeles de periódicos infames, y un mendigo más
     desesperanzado que su sombra.

7 de septiembre de 1965

De *BUENA SUERTE VIVIENDO*

(1962-1965)

EL FUEGO JUNTO AL MAR

1

Mientras tú ardas junto al mar,
Fuego,
Mientras levantes tu columna viva, dorada, real,
Fuego,
Mientras, como un árbol, crezcas en medio de la noche,
    alegrándola,
Fuego,
El amor vivirá, el amor tendrá sentido, la vida vivirá,
Fuego nuestro, pájaro inmortal volando sobre las aguas
    amargas y profundas del mar.

2

Los que caminan cogidos de las manos,
Con sus manos levantan una torre,
Construyen una casa,
Organizan el mundo,
Limpian el aire de hojas rotas,
Saludan el amanecer,
Acuestan el ocaso,
Defienden los primeros frutos,

Aseguran, afirman, juntan.

Y nos rompen el corazón.

3

Los pasos breves,
La puerta rápida,
Las telas
Cayendo
Como hojas
De una flor suave, real,
Las palabras perdidas,
La hora que vuelve,
Que se detiene
Junto a los grandes pétalos
Por tierra.

¿Lo he perdido todo?
(¿O debo decir
Que lo he tenido?)

5

Los poetas nos han dejado dicho:
No grabar en la piedra, que no crece,
Sino en los árboles, que van andando
Hacia arriba, en el aire,
Y ponen los nombres
Grandes, bajo la luz, como banderas.
Pero la piedra guarda líneas
Cuando ya el árbol es ceniza o mueble.
Cuando alguien come, sueña o yace
Entre los restos pintados del árbol,
Hay una piedra igual, inmóvil, ni mayor
Ni más pequeña, ostentando en su pecho pálido
El garabato feroz de unas letras,

Hasta más allá de la vida del hombre
Que una tarde las inscribió
Riendo, soñando y recordando.

7

¿Vivir ahora en las líneas del poema?
Quien conoció la mano,
¿Contentarse con la palabra mano?
¿Con la palabra mar, con la palabra
Siempre?

HOMENAJE AL OLVIDO

A Heberto Padilla

Sin ti, ¿qué nos quedaría del mundo, el pasajero?
Tú escoges y separas, preservas lo vivo alejándolo
De lo que hizo de un cuerpo una sombra; de unas manos,
    un dolor;
De una melodía, la ilusión del mar sonando junto al
    puerto.
Gracias a ti, no es cierto que hemos visto
Lo que hemos visto. Gracias a ti
Los ojos pueden tener otro oficio; la nariz, la boca
Pueden comerse un mundo diferente, zafarse de lo que ha
    quedado atrás,
Y avanzar hacia el ramo nuevo
Que la vida les tiende. Gracias a ti
Vivir no es seguir viviendo, sino ser sorprendidos por lo
    que no sabemos
Qué será, ni queremos saberlo todavía
Hasta que nos dé en la cara, como hizo la hoja de periódico
En la ciudad solitaria que el adolescente recorría con
    estupor.

Eres el silencio que bruñe los flancos dorados de la
    melodía,
La sombra que defiende la entrada invasora del color.

(Fíjate que, indiferente a las sonrisas,
Sin complacer a quienes, acaso con razón, esperaban otra
    cosa,
He cantado tu himno, he hecho tu elogio.
Que no haya sido en balde. Recuérdame.)

HISTORIA ANTIGUA

A Graziella Pogolotti

Qué esfuerzo para hacer una estrella, alejarla, como
  quien dice, un poco,
Arrancarle pedazos, ponerlos a dar vueltas
Y más vueltas, calentarlos, inventar, en uno, el tiempo
En que en el agua un trozo no quiere
Ser ya más agua, y sale afuera, se sacude
Las gotas escamosas, se arrastra, se sube a las matas y se
  columpia
Para que varios millones, lamiéndolo, lo sequen.
Y qué esfuerzo luego para encontrar la cabeza
Como Dios manda, habiendo dado con la piedra, con el
  fuego,
Con las palabras primohermanas del ruido.
Y con imperios inmortales después, muertos
  precipitadamente en la milésima parte de la vida
De la más frágil mariposa.

Perdónenme, pero sin duda todo eso tan importante no
  ha sido
Para que sus herederos nos entretengamos ahora con estas
  líneas.
Dejemos crecer las uñas y el pelo,
Que sin duda saben.

FELICES LOS NORMALES

A Antonia Eiriz

Felices los normales, esos seres extraños.
Los que no tuvieron una madre loca, un padre borracho,
        un hijo delincuente,
Una casa en ninguna parte, una enfermedad desconocida,
Los que no han sido calcinados por un amor devorante,
Los que vivieron los diecisiete rostros de la sonrisa y un
        poco más,
Los llenos de zapatos, los arcángeles con sombreros,
Los satisfechos, los gordos, los lindos,
Los rintintín y sus secuaces, los que cómo no, por aquí,
Los que ganan, los que son queridos hasta la empuñadura,
Los flautistas acompañados por ratones,
Los vendedores y sus compradores,
Los caballeros ligeramente sobrehumanos,
Los hombres vestidos de truenos y las mujeres de
        relámpagos,
Los delicados, los sensatos, los finos,
Los amables, los dulces, los comestibles y los bebestibles.
Felices las aves, el estiércol, las piedras.

Pero que den paso a los que hacen los mundos y los
        sueños,
Las ilusiones, las sinfonías, las palabras que nos desbaratan

---

Y nos construyen, los más locos que sus madres, los más
    borrachos
Que sus padres y más delincuentes que sus hijos
Y más devorados por amores calcinantes.
Que les dejen su sitio en el infierno, y basta.

OYENDO UN DISCO DE BENNY MORÉ

A Rafael Alcides Pérez y Domingo Alfonso

Es lo mismo de siempre:
¡Así que este hombre está muerto!
¡Así que esta voz
Delgada como el viento, hambrienta y huracanada
Como el viento,
                    es la voz de nadie!
¡Así que esta voz vive más que su hombre,
Y que ese hombre es ahora discos, retratos, lágrimas, un
     sombrero
Con alas voladoras enormes
                              —y un bastón—!
¡Así que esas palabras echadas sobre la costa plateada de
     Varadero,
Hablando del amor largo, de la felicidad, del amor,
Y aquellas, únicas, para Santa Isabel de las Lajas,
De tremendo pueblerino en celo,
Y las de la vida, con el ojo fosforescente de la fiera ardiendo
     en la sombra,
Y las lágrimas mezcladas con cerveza junto al mar,
Y la carcajada que termina en punta, que termina en
     aullido, que termina
En qué cosa más grande, caballeros;
Así que estas palabras no volverán luego a la boca

Que hoy pertenece a un montón de animales
    innombrables
Y a la tenacidad de la basura!

A la verdad, ¿quién va a creerlo?
Yo mismo, con no ser más que yo mismo,
¿No estoy hablando ahora?

UN HOMBRE Y UNA MUJER

«¿Quién ha de ser?
Un hombre y una mujer.»

Tirso

Si un hombre y una mujer atraviesan calles que nadie ve
    sino ellos,
Calles populares que van a dar al atardecer, al aire,
Con un fondo de paisaje nuevo y antiguo más parecido a
    una música que a un paisaje;
Si un hombre y una mujer hacen salir árboles a su paso,
Y dejan encendidas las paredes,
Y hacen volver las caras como atraídas por un toque de
    trompeta
O por un desfile multicolor de saltimbanquis;
Si cuando un hombre y una mujer atraviesan se detiene la
    conversación del barrio,
Se refrenan los sillones sobre la acera, caen los llaveros de
    las esquinas,
Las respiraciones fatigadas se hacen suspiros:
¿Es que el amor cruza tan pocas veces que verlo es motivo
De extrañeza, de sobresalto, de asombro, de nostalgia,
Como oír hablar un idioma que acaso alguna vez se ha
    sabido
Y del que apenas quedan en las bocas
Murmullos y ruinas de murmullos?

ESPAÑA OTRA VEZ, SIEMPRE

Ya no sé cuándo fue la primera vez
Que estuvimos mezclados. Quizá cuando la guerra,
La guerra de ella, y en casa me enseñaron a decir
Viva la República, y otras cosas hermosas.
Después, los escritores, y después el amor.
Como siempre, confundí los recuerdos de la guerra
Que ellos habían vivido, con la realidad de los besos
Que vivíamos nosotros, y bombas evocadas
Iban a estallar sobre abrazos de ese momento.
Hasta que los mismos abrazos, los mismos besos
Se hicieron memoria, como los aviones sobre la ciudad,
Aquel domingo en que los niños salieron no sé si de la
    misa,
A señalarlos con la mano, y en que cayeron las bombas,
En la anécdota que yo pedía que me repitieran una y otra
    vez,
Olvidando que antes de ser anécdota, aquello había sido
Las cabezas de amigos desbaratadas contra las piedras, la
    gente chillando,
Y hasta los cristales lejanos rajándose desesperados.
Yo creo que llegué a pensar
Que en esa guerra estuve yo, que de alguna manera
Aquella voz me reintegraba a un lugar mío
Y que no me contaba, sino me refrescaba cosas.

(Luego le contarán a otro enfebrecido
Esta realidad mía, hecha palabras que irán
A confundirse con abrazos y con besos.)

FILIN

Si me dicen que te has marchado
O que no vendrás,
No voy a creerlo: voy
A esperarse y esperarte:

Si te dicen que me he ido,
O que no vuelvo,
No lo creas:
Espérame
Siempre.

SONATA PARA PASAR ESOS DÍAS Y PIANO

A Lisandro Otero

Que realmente fue tremendo,
Entre bombas que casi seguro que llegaban
Y cohetes que finalmente se fueron,
Y que si sí y que si no.
El kennedi hasta habló de cenizas en los labios
Y los pedantes dijeron: Eliot, Eliot.
Pero la mayoría no dijo casi nada
(O se limitó a decir a los amigos: «fue bueno, haberte
    conocido»):
Se puso el uniforme de miliciano,
Y a ver qué es lo que había que hacer.
Cada mañana, cuando se abría los ojos,
Venían y le decían a uno: anoche pasamos un peligro
    tremendo.
Estuvimos a punto de termonuclearnos todos en el
    planeta.
Uno se sentía contento de haber amanecido.
El día empezaba a estirarse lenta, lentamente.
Cada hora, cada minuto eran preciosos,
Y en cada hora pasaba un montón de cosas.
Entre las seis y las ocho llegaban los periódicos, el café con
    leche y las primeras llamadas.
A las ocho era despedirse a lo mejor para siempre.

A la tercera o cuarta vez de hacerlo, la imagen de Héctor y
Andrómaca se había debilitado mucho.
Entre las ocho y las diez, rodeados de gente que llegaba,
llamadas, saludos, mensajes,
Las noticias más frescas empezaban a desbordar las
redacciones:
Se conversaba, no se conversaba, si se conversara.
Conversación, sinversación, verconsación.
A la hora de almuerzo se había adelantado muy poco y se
comía sin apetito.
Después había una reunión, otra reunión, la misma
reunión.
Alguien llegaba con nuevas noticias: cartas cruzadas,
palabras cruzadas, dedos cruzados.
Los que entraban y salían iban oscureciendo el día
Hasta que era de noche nuevamente.
El periódico de la tarde por una vez tenía noticias distintas
a las de la mañana.
A la hora de acostarse (aunque fuera sobre una dura mesa
de palo)
Parecía que, en fin, según, sin, so, sobre, tras.
Con esa esperanza copiosa se dormía,
Aunque sabíamos que a la mañana iban a decirnos
Que por la noche habíamos corrido un peligro mortal.
Era necesario dormir ese peligro, como el viajero del avión
Que se entera, al llegar a tierra,
Que durmió la noche sobre el Pacífico con un solo motor
en el aparato,
Y recuerda que se había olvidado de asustarse.
A las setenta y dos horas, ya se conocía el ritmo:
Peligro mortal-amanecer-pesimismo-poco almuerzo-
posibilidad-dormir-
Peligro mortal-etcétera.
Entonces vino lo que vino y lo que se fue
Y vino que,
Entonces,

—El piano, por favor.

Octubre de 1962

PÍO TAI*
(Al comenzar el campeonato de pelota de los escritores y artistas)

Con agradecimiento para
Rolfe Humphries y Ernesto
Cardenal

Compañeros: que antes de empezar, nuestro primer recuerdo
Sea para Quilla Valdés, Mosquito Ordeñana, el Guajiro Marrero,
Cocaína García, La Montaña Guantanamera, Roberto Ortiz, Natilla
(Desde luego), el Jiquí Moreno de la bola de humo, el Jibarito, y más atrás
Adolfo Luque, Miguel Ángel, Marsans,
Y el Diamante Méndez, que no llegó a las Mayores porque era negro,
Y siempre el inmortal Martín Dihigo.
(Y también, claro, Amado Maestri, y tantos más...)

Inolvidables hermanos mayores: dondequiera que estén,
Hundidos en la tierra que ustedes midieron a batazos
En la Tropical o en el Almendares Park;
Bajo el polvo levantado al deslizarse en segunda,
Alimentando la hierba que se extiende en los jardines y es surcada por los roletazos;

* «Pío tai» es la forma infantil, en Cuba, de «pido *time*», «pido una tregua en el juego».

91

O felizmente vivos aún, mereciendo el gran sol de la una
   y la lluvia que hacía interrumpir el juego
Y hoy acaso sigue cayendo sobre otras gorras:
   dondequiera
Que estén, reciban los saludos
De estos jugadores en cuya ilusión vivieron ustedes
Antes (y no menos profundamente)
Que Joyce, Mayacovski, Stravinski, Picasso o Klee,
Esos bateadores de 400.

Y ahora, pasen la bola.

BIOGRAFÍA

A Julio Cortázar

«Es demasiado profesoral», graznaban los longobardos.
«Es demasiado antiprofesoral», bufaban los otomanos.
«Es demasiado señorial», himplaban los neoetruscos.
«Es demasiado popular», aseguraban con la nuca los
    dálmatas.

Naturalmente, al cabo se pusieron de acuerdo todos,
Y lo borraron encantados de la vida.

NIÑAS Y NIÑOS, MUCHACHAS Y MUCHACHOS

Niñas y niños, muchachas y muchachos,
Seres prácticamente humanos y decentes:
Agradezco de corazón la fineza
Que los ha traído hasta aquí
Con las uñas limpias, bien vestidos y peinados,
Mirando de reojo mis libros
Y mi calva indetenible.
Pero
No tengo nada que decirles:
Soy lo mismo que ustedes, sólo que
Han pasado los años, me han pasado los años,
Y hay quien cree que así
Uno está en mejor disposición
Para decir algo.
Tengo malas noticias.
Yo también (hace quizá mucho tiempo)
Me limpié las uñas, me peiné al lado, me vestí de limpio
Y me senté frente a un calvo.
En vano.
Sépase pues:
No tengo nada que decirles.

Antes de separarnos:
Buena suerte viviendo.

AQUEL DÍA

Aquel día de febrero de 1961,
¿En cuántas partes ocurrió algo importante?
Sin duda en muchos sitios: la vida
Es tan importante, decididamente.
Pero, con toda sinceridad, yo no pienso ahora
En esa respiración magnífica de la historia
Por la que estamos aquí, para la que estamos aquí.
Pienso en quien, de alguna manera que ahora no puede
       prever,
Leerá estos versos, leerá el primer verso,
Y en algún lugar, que ahora no puedo prever,
Arrugará un pañuelo, dejará caer un papel
(Mejor una cucharita: la vida adora
Esas teatralidades),
Y quizá se levantará, algo pálida,
Y quizá qué sé yo. Quizá nada.

EL PRIVILEGIO DE MIRAR MORIR

La amistad era pues esto.
Los sellos intercambiados, las bolas de vidrio
Pertenecientes a los dos, las peleas
Que uno podía pelear por el otro,
El descubrimiento luego de un libro sólo para recitarlo
A quien había dado con un cuarteto
O una religión asiática;
Y las caminatas por el barrio, de noche,
Las conversaciones sobre aquella escalera abandonada,
El sentimiento confuso de vivir en un país lateral
Donde no habían nacido Leonardo ni San Juan;
Y la sobresaltada puta primera,
El olor de algunas calles olvidables,
El sueño de algo mejor, los letreros escritos entre dos
    policías,
Los periódicos vendidos, la custodia del local de la
    juventud;
Y el establecimiento de un alfabeto privado
Hecho de cejas, muecas, encogeduras de hombros
Que bastaban para desencadenar la carcajada:
Todo eso era pues para tener el privilegio
De ser quien apretara la mano en la arrugada cama de
    hospital
Donde uno de los dos boquea intentando sonreír.

LOS FEOS

A Alejo Carpentier

La mano o el ojo inmortal
Que hizo el cielo estrellado, esta bahía,
Este restorán, esta mesa
(Y hasta hizo el tigre de Blake),
También la hizo a ella, y la hizo fea.
Algo en los ojos, en la nariz,
En la boca un poco demasiado pequeña,
O en la frente interrumpida antes de tiempo
Por cabellos de color confuso;
Algo insalvable para siempre,
Que resiste al creyón de labios y el polvo,
Hace que esta noche, junto a la bahía,
En el restorán El Templete,
Esta noche de suave brisa marina
Y vino tinto y amistad,
Ella esté sola en una mesa,
Mirando quizá en el plato de sopa
La imagen movediza de su cara,
De su cara de fea, que hace vacilar
El orden de todo el universo,
Hasta que llega un hombre feo
Y se sienta a su mesa.

PARA EL AMOR

Y claro que hay aquí lugar para el amor: para el amor
(Creo) habrá siempre lugar: para el amor
Extraño que logra reunir sus pedazos, y para el amor
Desbaratado que tiene un pie en una parte y un ojo en
    otra parte: para el amor
Para el amor para el amor,
Habrá siempre lugar (creo) para el amor.

ME CONSUELA

Me consuela saber que en este instante
Sigue existiendo la Basílica de San Marcos en Venecia,
Admirable frente a la más hermosa plaza blanca del
    mundo.
Me consuela saber que Berkeley no tenía ni una gota de
    razón
Y que, aun cuando yo cierre mucho los ojos,
La Basílica de San Marcos sigue existiendo
Con los piafantes caballos verdes detenidos en su cabeza.

LE PREGUNTARON POR LOS PERSAS

*A la imaginación del pintor Matta
y, desde luego, a Darío*

Su territorio dicen que es enorme, con mares por
   muchos sitios, desiertos, grandes lagos, el oro y el trigo.
Sus hombres, numerosos, son manchas monótonas y
   abundante que se extienden sobre la tierra con mirada
   de vidrio y ropajes chillones.
Pesan como un fardo sobre la salpicadura de nuestras
   poblaciones pintorescas y vivaces,
Echadas junto al mar: junto al mar rememorando un
   pasado en que hablaban con los dioses y les veían las
   túnicas y las barbas olorosas a ambrosía.
Los persas son potentes y grandes: cuando ellos se
   estremecen, hay un hondo temblor, un temblor que
   recorre las vértebras del mundo.
Llevan por todas partes sus carros ruidosos y nuevos, sus
   tropas intercambiables, sus barcos atestados cuyos
   velámenes hemos visto en el horizonte.
Arrancan pueblos enteros como si fueran árboles, o los
   desmigajan con los dedos de una mano, mientras con
   la otra hacen señas de que prosiga el festín;
O compran hombres nuestros, hombres que eran libres,
   y los hacen sus siervos, aunque puedan marchar por
   calles extrañas y adquirir un palacio, vinos y
   adolescentes:

Porque ¿qué puede ser sino siervo el que ofrece su idioma fragante, y los gestos que sus padres preservaron para él en las entrañas, al bárbaro graznador, como quien entrega el cuello, el flanco de la caricia a un grasiento mercader?

Y nosotros aquí, bajo la luz inteligente hasta el dolor de este cielo en que lo exacto se hace azul y la música de las islas lo envuelve todo;
Frente al mar de olas repetidas que alarmado nos trae noticias de barcos sucios;
Mirando el horizonte alguna vez, pero sobre todo mirando la tierra dura y arbolada, enteramente nuestra,
Aprendiendo unos de otros en la conversación de la plaza pública el lujo necesario de la verdad que salta del diálogo,
Y conocedores de que las cosas todas tienen un orden, y ha sido dado al hombre el privilegio de descubrirlo y exponerlo por la sorprendente palabra,
Conocedores, porque nos lo han enseñado con sus vidas los hombres más altos, de que existen la justicia y el honor, la bondad y la belleza, de los cuales somos a la vez esclavos y custodios,
Sabemos que no sólo nosotros, estos pocos rodeados de un agua enorme y una gloria aún más enorme,
Sino tantos millones de hombres, no hablaremos ese idioma que no es el nuestro, que no puede ser el nuestro.
Y escribimos nuestra protesta —¡oh padre del idioma!— en las alas de las grandes aves que un día dieron cuerpo a Zeus,
Pero además y sobre todo en el bosque de las armas y en la decisión profunda de quedar siempre en esta tierra en que nacimos:
O para contar con nuestra propia boca, de aquí a muchos años, cómo el frágil hombre que venció al león y la serpiente, y construyó ciudades y cantos, pudo vencer también las fuerzas de criaturas codiciosas y torpes,

O para que otros cuenten, sobre nuestra huesa convertida en cimiento, cómo aquellos antecesores que gustaban de la risa y el baile, hicieron buenas sus palabras y preservaron con su pecho la flor de la vida.

A fin de que los dioses se fijen bien en nosotros, voy a derramar vino y a colocar manjares preciosos en el campo: por ejemplo, frente a la isla de Salamina.

IN MEMORIAM EZEQUIEL MARTÍNEZ ESTRADA

Como ni usted ni yo creemos
(No creemos, ¿no es verdad?)
En esa pampa inmensa que es el cielo
(Cualquier otra imagen sería igualmente gastada y además
    igualmente falsa);
Como ni usted ni yo creemos,
Ahora le estoy hablando a un muerto,
Le estoy hablando a nadie,
A nada:
Probablemente por esa manía de la literatura
Y de que los otros sepan lo que uno piensa,
O lo que uno quiere que los otros crean que uno piensa,
O lo que sea.
Ahora ilustres patriotas, eminentes pensadores, escritores
Que son honra y prez del idioma dirán de usted
Cosas que nos harán sonrojar, pensando
En su soledad altiva, en su indetenible
Boca de señor. ¡Qué le vamos a hacer! De todas formas,
El precio era morirse, decididamente un precio muy alto.
Y además, usted no quiso pagar ningún precio, ni quiso
Oír otros elogios que las palabras de la amistad y la verdad.
Ahora usted está otra vez, y para siempre, solo. Tan solo
Como los que bajaron la cabeza y al cabo murieron
    también.

Ahora se pudren todos, y todos son nadie, son nada.
De usted quedan esos papeles ardientes, ese rastro de
    llamas
Donde el corazón se hace mayor
Y esta cosa extraña de vivir recibe una luz en plena cara.
Yo no voy a decirle: Ezequiel
Martínez Estrada, no está muerto, etcétera,
Porque la verdad es que creo que sí,
Que está muerto.
Que la alucinante suma de azares
Que a través de astros, espacios, monstruos,
Cataclismos, historias, se hizo una vez
Ezequiel Martínez Estrada,
Ha concluido para siempre.
Si el Universo fuera limitado en sus combinaciones,
Cabría alguna esperanza. Pero no hay ninguna.
Por eso le digo esta especie de adiós,
Asegurándole que en el río de mis azares,
Y en los de muchos como yo,
Hay uno que fue usted,
Y que ésa es la única inmortalidad posible:
Que ya yo no pueda ser como era
Antes de haberlo conocido y querido mucho.
Todo no es más que un soplo:
Usted, yo, el Universo, pero
Puesto que ha habido gente como usted,
Es probable, es bastante probable,
Que todo esto tenga algún sentido.
Por lo pronto, ya sé: no bajar la cabeza.
Gracias, y adiós.

USTED TENÍA RAZÓN, TALLET:
SOMOS HOMBRES DE TRANSICIÓN

Entre los blancos a quienes, cuando son casi polares, se
les ve circular la sangre por los ojos, debajo del pelo
pajizo,
Y los negros nocturnos, azules a veces, escogidos y
purificados a través de pruebas horribles, de modo que
sólo los mejores sobrevivieron y son la única raza
realmente superior del planeta;
Entre los que sobresaltaba la bomba que primero había
hecho parpadear a la lámpara y remataba en un joven
colgando del poste de la esquina,
Y los que aprenden a vivir con el canto *marchando vamos
hacia un ideal,* y deletrean Camilo (quizá más joven
que nosotros) como nosotros Ignacio Agramonte (tan
viejo ya como los egipcios cuando fuimos a las primeras
aulas);
Entre los que tuvieron que esperar, sudándoles las manos,
por un trabajo, por cualquier trabajo,
Y los que pueden escoger y rechazar trabajos sin
humillarse, sin mentir, sin callar, y hay trabajos que
nadie quiere hacerlos ya por dinero, y tienen que ir
(tenemos que ir) los trabajadores voluntarios para que
el país siga viviendo;
Entre las salpicadas flojeras, las negaciones de San Pedro,
de casi todos los días en casi todas las calles,

Y el heroísmo de quienes han esparcido sus nombres por
   escuelas, granjas, comités de defensa, fábricas,
   etcétera;
Entre una clase a la que no pertenecimos, porque no
   podíamos ir a sus colegios ni llegamos a creer en sus
   dioses,
Ni mandamos en sus oficinas ni vivimos en sus casas ni
   bailamos en sus salones ni nos bañamos en sus playas
   ni hicimos juntos el amor ni nos saludamos,
Y otra clase en la cual pedimos un lugar, pero no tenemos
   del todo sus memorias ni tenemos del todo las mismas
   humillaciones,
Y que señala con sus manos encallecidas, hinchadas, para
   siempre deformes,
A nuestras manos que alisó el papel o trastearon los
   números;
Entre el atormentado descubrimiento del placer,
La gloria eléctrica de los cuerpos y la pena, el temor de
   hacerlo mal, de ir a hacerlo mal,
Y la plenitud de la belleza y la gracia, la posesión hermosa
   de una mujer por un hombre, de una muchacha por un
   muchacho,
Escogidos uno a la otra como frutas, como verdades en la
   luz;
Entre el insomnio masticado por el reloj de la pared,
La mano que no puede firmar el acta de examen o llevarse
   la maldita cuchara de sopa a la boca,
El miedo al miedo, las lágrimas de la rabia sorda e
   impotente,
Y el júbilo del que recibe en el cuerpo la fatiga trabajadora
   del día y el reposo justiciero de la noche,
Del que levanta sin pensarlo herramientas y armas, y
   también un cuerpo querido que tiembla de ilusión;
Entre creer un montón de cosas, de la tierra, del cielo y
   del infierno,
Y no creer absolutamente nada, ni siquiera que el
   incrédulo existe de veras;

Entre la certidumbre de que todo es una gran trampa, una
broma descomunal, y qué demonios estamos haciendo
aquí, y qué es aquí,
Y la esperanza de que las cosas pueden ser diferentes,
deben ser diferentes, serán diferentes;
Entre lo que no queremos ser más y hubiéramos preferido
no ser, y lo que todavía querríamos ser,
Y lo que queremos, lo que esperamos llegar a ser un día,
si tenemos tiempo y corazón y entrañas;
Entre algún guapo de barrio, Roenervio por ejemplo, que
podía más que uno, qué coño,
Y José Martí, que exaltaba y avergonzaba, brillando como
una estrella;
Entre el pasado en el que, evidentemente, no habíamos
estado, y por eso era pasado,
Y el porvenir en el que tampoco íbamos a estar, y por eso
era porvenir,
Aunque nosotros fuéramos el pasado y el porvenir, que
sin nosotros no existirían.

Y, desde luego, no queremos (y bien sabemos que no
recibiremos) piedad ni perdón ni conmiseración,
Quizá ni siquiera comprensión, de los hombres mejores
que vendrán luego, que deben venir luego: la historia
no es para eso,
Sino para vivirla cada quien del todo, sin resquicios si es
posible
(Con amor sí, porque es probable que sea lo único
verdadero).
Y los muertos estarán muertos, con sus ropas, sus libros,
sus conversaciones, sus sueños, sus dolores, sus
suspiros, sus grandezas, sus pequeñeces.
Y porque también nosotros hemos sido la historia, y
también hemos construido alegría, hermosura y verdad,
y hemos asistido a la luz, como hoy formamos parte del
presente.
Y porque después de todo, compañeros, quién sabe
Si sólo los muertos no son hombres de transición.

De *QUE VEREMOS ARDER*

(1966-1969)

«Para vosotros,
              que sois sanos y ágiles,
el poeta lamía
              los esputos de tisis
con la lengua áspera de los carteles.
En el fuego de los años
                        yo me he de convertir en algo
                        semejante a los monstruos
                        antediluvianos con cola.
Camarada vida,
              vamos
                        a caminar más rápido.»

                                        <small>MAYACOVSKI</small>

*Absurda la idea de que sólo puedes escribir sobre lo que
    te ha ocurrido
(Lo pequeño, lo ínfimo que le ha ocurrido a ese cuerpo, a
    esa vida entre sus fechas),
Como si todo no te hubiera ocurrido, como si
Hubiera una tarde que no cayera para ti,
Como si todos los imperios destruidos, aventados por los
    desiertos, devorados por las selvas,
No hubieran conducido hasta ti;
Como si el más lejano astro, extraviado al borde del
    Universo,
Y también los astros que hoy ya no existen,
Y las nebulosas pensativas,
No hubieran trabajado, sabiéndolo o sin saberlo,
Para ti, para este instante, para este poema
Que se escribe gracias al aliento exhalado por Miranda o
    por Jenofonte,
Con un trozo sobrante de Casiopea.*

QUERRÍA SER

Este poeta delicado
Querría ser aquel comandante
Que querría ser aquel filósofo
Que querría ser aquel dirigente
Que guarda en una gaveta con llave
Los versos que escribe de noche.

CUERPO QUE NO ESTÁ CLARO

La boca (no el hombre) solloza como un arpa,
Ridícula como el sollozo de un arpa,
Porque no tiene los tabacos armoniosos de antaño
(Los dulcísimos, los inolvidables tabacos de antaño)
Sino muy de tarde en tarde, de sobresalto en sobresalto;
Las piernas deploran las colas como a enemigos
    personales;
El pecho resopla en las frías madrugadas del campo,
Suelta su disnea modesta, nada histórica,
Entre las pacíficas hamacas crujientes;
Los brazos (¿y qué decir de los hombros?, ¿qué de la
    cintura?)
Llega un momento en que no pueden más
De picos, palas, guatacas, mochas;
El esqueleto parece hecho de cristal y de astucia
Cuando se engrasan de nuevo los himnos de matar;
A la piel le molesta el calor, los ojos necesitan más luz,
El cuerpo todo añora menos desorden, algún reposo,
    mariscos, aves, frutas,
Y hasta las sobresaltadas contradanzas del vino,
¡Qué poco claro está este cuerpo!

Pero el alma lo empuña como una espada
(Como dicen que se empuñaban las espadas),

Lo endereza, le hace tragarse sus silencios,
Le cierra la mano huesuda sobre la herramienta,
Le enciende deshilachados cigarros en la boca,
Lo empuja sobre un caballo, lo monta en un barco de
    latón,
Le desliza algunas ideas en la cabeza,
Lo hace trabajar   soñar   esperar

El alma, esa parte que, según nos aseguran,
También es definitivamente mortal.

QUE

Que mientras quede un hombre muerto, nadie
Se quede vivo.
Pongámonos todos a morir,
Aunque sea despacito,
Hasta que se repare esa injusticia.

COMO A ELLOS

No tenías más que una vez para nacer
Y naciste cojo, tuerto, enano
O un poco tonto.
Desde luego que nadie se daría cuenta de que eres cojo
Si te quedaras sentado tranquilo;
Y nadie sabría, tuerto, lo que te pasa,
Poniéndote así, de perfil;
Y quién iba a averiguar que eras enano
Si te limitaras a escribir cartas o a llamar por teléfono;
Y callado, sin decir nada,
No hay forma de que sepan que eres tonto.
Ah, pero yo los conozco como si fuera ustedes mismos:
Y sé, cojo, que te levantarás y echarás a andar;
Y que tú, tuerto, de pronto vas a mirar de frente;
Y que tú, enano, dejarás esa pluma, colgarás el teléfono
Y te plantarás imprudentemente cara a cadera;
Y que tú, tonto (como quien dice) de capirote,
Vas a echarte a pensar y a hablar.
Y así todo el mundo, todo el mundo
Va a saber lo que les ha pasado a ustedes
La única vez que tenían para nacer.

Vaya, como a ellos.

PERO

Administra el amor con eficiencia
(Pero el amor es una absurda llama verde)
Ejerce el amor como se debe
(Pero el amor es un instantáneo animal)
Hace el amor con provecho
(Pero el amor dilapida y confunde como una riqueza
    malhabida)
Todo está bien
(Pero)

LA FILLE DE MINOS ET DE PASIPHAË

«Ein jeder Engel ist schrecklich»

(RILKE, por supuesto)

Cabello de ángel
Ojo de ángel
Nariz de ángel
Pecho de ángel
Flanco de ángel
Abertura de ángel
Oro de ángel
Flor de ángel
Mano de ángel
Uña de ángel
Arañazo de ángel
Mordida de ángel
Cólera de ángel
Aullido de ángel
Lágrima de ángel
Caída de ángel
Desolación de ángel
Oscuridad de ángel
Ausencia de ángel
Ángel de ángel
Adiós de ángel

MADRIGAL

Había la pequeña burguesía,
La burguesía compradora,
Los latifundistas,
El proletariado,
El campesinado,
Otras clases,
Y tú,
Toda temblor, toda ilusión.

Celebra Navidad el 23
Ó el 26,
Y fin de año el 30
Ó el 2 ó el 3.
No celebra el Día de Reyes.
Le dicen con el corazón
Que el otro año sí.
Pero los dos se separan
Llorando,
Porque no.

Alguien que ha estado tratando de olvidarte,
Y a cuya memoria, por eso mismo,
Regresabas como la melodía de una canción de moda
Que todos tararean sin querer,
O como la frase de un anuncio o una consigna;
Alguien así, ahora,
Probablemente
(Seguramente) sin saberlo,
Ha empezado, al fin, a olvidarte.

Hoy eres menos.

GRACIAS, GRACIAS, JARDÍN ZOOLÓGICO, POR RENOVAR ESTA LECCIÓN

Por lo mismo que al elefante le atrae la elefanta,
Sus patas inmemoriales y rugosas,
El bufido y la oreja que abanica;
Y a la jirafa macho lo sobresalta la jirafa hembra,
Su cuello descomunal (que para él, por supuesto, no es
    descomunal),
Y las inquietantes moticas de la piel;
Y al pavorreal su pareja,
Y al majá su lustrosa compañera,
Me gustas tú.

Y por lo mismo que la leona defiende sus cachorros,
Y la buitre recién parida tiende el ala siniestra sobre el
    nido,
Y la cucaracha se afana por sus larvas,
Te preocupas, al ir a cruzar la calle, por nuestras niñas
    deliciosas.

NOTA JUNTO A LA ALMOHADA

Hay demasiadas memorias y demasiadas esperanzas
Confundidas entre nosotros, hay demasiada vida
Para que nada pueda separarnos: ni la pena
Que llega a manotazos,
Ni esa flor que acaricia, deslumbra y pasa
Dejando una tristeza abierta como una herida.
El largo tiempo atestado de ciudades y amores
Se ha ido extendiendo, de Amsterdam a New Haven,
De Taxco a Brindisi, a melancolías, a temores,
A ilusiones, a sueños, como para que nada,
Sino la que todo separa, nos pueda separar,
Niña de ayer y de mañana, mujer de mi vida.

DESAGRAVIO A FEDERICO

En un poema (por otra parte más bien malo) acabo de
    leer, y me ha impresionado,
Que no se grabó tu voz, de la que tanto hablan los que te
    conocieron;
Que no se grabó tu voz, y que esos nuevos viejos,
Esos hombres de más de sesenta años que empiezan ahora
    a extinguirse en masa,
Y que fueron tus maravillados coetáneos,
Están, al morirse, llevándose consigo, borrando de la tierra
    la última memoria de tu voz.
Dentro de poco tiempo (digamos otros treinta años),
No quedará nadie en el planeta
Que pueda recordar cómo tú hablabas,
Cantabas,
Reías,
Presumiblemente llorabas.
Tu voz será olvidada para siempre.

Así también serás todo tú olvidado
Dentro de trescientos,
Tres mil
O treinta mil años.
Quizá se olvide hasta la idea misma de la poesía,
Eso de que eras dueño,

Y que por una parte mira a las palabras
Y por la otra al alma.
Hay pues que apresurarse
A hacerte el desagravio,
Fresca todavía la muerte.

Porque después de un deslumbramiento adolescente,
En que te pasábamos de mano en mano, hecho tan sólo
    un nombre, como Sócrates o Leonardo
(Los otros eran Machado, Unamuno, Martí, Neruda,
    Alberti.
Sólo Juan Ramón y tú
Eran Juan Ramón y Federico);
Después de entonces,
Llegaron los otros
Y vinieron los días de negarte.
Qué injusticia, Federico,
Qué injusticia —quizá imprescindible: los vivos se nutren
    de los muertos,
Pero no lo proclaman—.

Ahora es necesario que te rindan homenaje
No sólo los discurseros
Y los que te hacen biografías y estudios,
Sino los negros magníficos que amaste y que desafían a
    perros y a blancos,
Las diez mil prostitutas que amenazan con desfilar por
    Santiago de Chile,
Los pobres muchachos equívocos, las salamandras de
    cinco patas, arrojados del mundo,
Los sobrantes, los estupefactos.
Y los poetas.

Ahora que vamos a tener la edad
Que es la tuya para siempre,
Es un acto de justicia
Tan fatal, tan necesaria como la otra injusticia,
Decir que teníamos razón entonces, a la salida apenas de
    la niñez,

Cuando *Federico* era un nombre electrizado,
Una llama que se intercambia en las tinieblas,
Un tesoro, un amigo inolvidable arretabado en la noche
    en que empezó el invierno.
Sabías más, eras mejor, y el candor o la inocencia
O la avidez o el desamparo
Te descubría para crecer.
Mi raro, mi sobrecogedor hermano mayor,
Antes de que desaparezcas para siempre,
Con los tobillos rotos, complicados instrumentos músicos
    al cuello,
Los ojos arrasados en lágrimas,
El pecho y la cabeza agujereados;
Antes de que desaparezcamos para siempre,
Voy a abrazarte, más bien emocionado,
En este viento que nos enseñaste a nombrar
Con palabras que te ibas sacando del bolsillo,
Y eso que para entonces ya estabas muerto, muerto,
Y no eras sino páginas, y ya habían empezado a perderse
Las palabras de carne y hueso que hicieron estremecer al
    mundo
Hasta ese agosto de 1936, hace ahora treinta años,
En que las bestias siempre al acecho te fusilaron porque
    sí,
Porque todo,
Porque así se terminan los poetas.

ANTE LA BELLEZA

A Ambrosio Fornet, hombro con hombro

Esta noche de octubre, el Ballet del Siglo xx
Gira con tanta gracia, con tanta sabiduría,
Con inocencia tanta,
Que uno no puede menos
Que sentirse consternado
Ante la fragilidad de la belleza:
Esta muchacha está casi perfecta
Así,
Ahora:
Pero un pequeño giro innecesario
Hacia un lado o hacia otro
—Ni qué decir un manotazo—,
Y adiós belleza, adiós sabiduría,
Adiós esperanza,
Adiós.

CRISTALES

Dicen que Gabriela Mistral dijo una vez, maligna, a
   nuestro atildado, nuestro pobre Mariano Brull:
—Mariano, ¿qué se va a hacer usted, cuando llegue a viejo,
   con esos cristalitos?
(Gabriela aludía a los poemas de verdad cristalizados y en
   diminutivo de Brull,
A quien todavía nosotros llegamos a leer con respeto por
   lo menos.)
Sin embargo, los versos de Gabriela, madraza y todo, con
   esos bramidos
Que de vez en cuando uno cree escuchar en su fondo,
¿Qué otra cosa son a fin de cuentas sino un montón de
   cristales
En una mano, cristales en blanco y negro más que en
   colores quizá,
Pero cristales, cristales? ¿Y los versos de quién, Gabriela,
Pueden ser otra cosa sino cristales,
Cuando alguien está sollozando, cuando pasa el viento o
   la historia
Por debajo de la ventana, a través del libro
Donde un ansioso lee palabras que fueron rumores,
Que fueron sacrificio, riqueza, realidades?

QUE VEREMOS ARDER

A Marcia Leiseca, conversando
hacia la Plaza de la Revolución

Abel derramó su sangre en el comienzo.
No lo siguieron más que los humildes, los olvidados.
Y, luego de andar sobre el mar,
Quedaron doce, y todo empezó de nuevo.
Bajaron con barbas al romper el año,
Y tuvieron discípulos sobre la vasta tierra.

Esto lo sabía ya el libro.

Pero los símbolos que ellos hicieron
No tenían libro: los que hicieron las cosas
No tenían nombres, o al menos sus nombres
No los sabía nadie. Las fechas que llenaron
Estaban vacías como una casa vacía.
Ahora sabemos lo que significan Cuartel Moncada, 26,
Lo que significan Camilo, Che, Girón, Escambray, octubre.
Los libros lo recogen y lo proponen.

El viento inmenso que lo afirma barre las montañas y los
    llanos
Donde los que no tienen nombres,
O cuyos nombres no conoce nadie todavía,
Preparan en la sombra llamaradas
Para fechas vacías que veremos arder.

ESTÁN EVACUANDO HANOI

Están evacuando Hanoi
Para que las bombas norteamericanas no desbaraten más
   niños.
Están evacuando Hanoi
Y marchan, más bien silenciosos,
Cogidos de la mano algunos, los más pequeños; otros,
Cargados de paquetes. Marchan
Por el lívido Malecón,
Cruzan frente a los edificios de la parte baja de El Vedado
Y miran la espuma con que rompe el mar en los arrecifes.
Están evacuando Hanoi
Con los carros de que disponen, carros atestados
De muebles y alguna ropa, y hasta de cosas inesperadas:
   aquello
Parece una guitarra, y aquello es un espejo.
Están evacuando Hanoi
Y los más adelantados ya han llegado a la boca del puerto,
Y ven cercano al Morro, parpadeante,
A la Cabaña,
Y siguen avanzando: unos tomarán el túnel, y otros
Bordearán la bahía. Algunos irán hacia el sur.
Ahora pasan ómnibus iluminados apenas, y camiones
   como los del corte de caña,
Pero no van a la caña: salen de la ciudad,

Lejos, al campo,
Porque esta madrugada ha comenzado la evacuación de
Hanoi.

REGRESO DE LA ISLA

A mis compañeros de la Granja
Revolución en la Isla de Pinos

Volvemos en la noche, apenas dormida, de la Isla,
Y apoyados en la borda, conversando con alguien
    inteligente cuyo nombre no sé,
Vemos la espuma que el lento barco va dejando,
Pero casi no vemos nada más allá del propio barco,
Como no sea la oscuridad al parecer inmensa de la noche
    inmensa.
Y, naturalmente, empezamos a hablar (¿quién el primero?)
De los que se van de la Grande en noches sin luna,
    montados en botes insignificantes,
Y se meten en la sombra como en una pesadilla que van a
    vivir, van a morir despiertos,
Y de algunos no se sabrá luego ni el nombre, tragados por
    este mar de los piratas.
(De los piratas vamos a hablar después.)
¿A quiénes los arrastra el contagio? ¿A quiénes una
    desesperación que sorprendentemente se ha
    alimentado de lo mismo que anima a nuestras
    esperanzas?
Y empezamos entonces a evocar a esos otros hombres, los
    que hemos dejado en la Isla.
¿Cómo llegaron allá? ¿Aventura? ¿Coacción? ¿Ilusión?
    ¿Conciencia?
¿Acaso no hemos ido a averiguarlo?

¿Y acaso hemos averiguado gran cosa con nuestros papeles
    que debían coronarse en un informe y no en esta
    especie de poema?
Esos rudos y tiernos hombres que duermen en hileras de
    camas, en secos campamentos,
Están como en la piedra de fundar de nuestra historia,
Y sin embargo, ¿será verdad que la historia les resbala por
    encima, como el rocío sobre la carrocería de un camión?
De Barros a Fantomas —Barros, que como un señor me
    dio a Palomo, mi primer caballo, y Fantomas, el niño
    para siempre, que quiso ayudar a que la historia
    empezara de nuevo, al sur—;
De Víctor integro y Cheo con sus cotorras, a Betancourt,
    el que aprendió a leer en estos años y habla de Maceo
    acaso sospechándose de su estirpe:
De Miguel que gana noventa pesos al mes por arriesgar
    cada día su vida monteando los últimos puercos jíbaros,
    feroces como cuchillos,
A Manolo, el montero, que enlaza el imposible toro negro,
    corriendo a todo lo que dan las patas del caballo, en la
    noche:
¿Dónde ponerlos a ustedes en el informe, hermanos?
¿Dónde sus nombres en medio de cifras, de ilegibles tantos
    por ciento?
No quiero invocar sólo en palabras el nombre pueblo.
Busco otra forma de dejarlos junto a mi corazón,
Ahora que el barco viaja casi inmóvil en la sombra,
Y se ve que vamos a empezar a hablar de los piratas para
    esperar cumplidamente el amanecer sobre el mar.

¿POR QUÉ?

¿Por qué ésta no es Suecia? ¿Por qué ésta no es Austria?
¿Por qué trabajar el campo en vez de leer a Hopkins?
¿Por qué si tengo que ensuciarme las manos
No es recogiendo mis pelotas de golf?
¿Por qué me usan el tiempo que yo necesito emplear
En decir que no tengo nada que hacer en el tiempo que
    me usan?

Y le respondemos: ¿por qué ésta no es Grecia?
¿Por qué ésta no es Babilonia la de las tablillas inmortales,
Donde hay un mapa y una epopeya y la forma del sueño?
¿Por qué ésta no es la India del tiempo en que la India era
    la India?
Pero déjanos pasar, que vamos a cortar la caña
Para que luego no puedan decir que todos fuimos como
    tú,
Y en vez de eso, se añada el nombre de esta tierra a esos
    suspiros.

De *CUADERNO PARALELO*

(1970)

«Despierta en el viajero el poeta que dormía»

Ho Chi Minh

ESTA NOCHE DE DOMINGO EN LA HABANA
QUE ES ESTA MAÑANA DE LUNES EN VINH

María siempre llega a casa los domingos sobre las nueve
de la noche.
Es decir, está llegando ahora, a las nueve de la mañana de
este lunes de Vinh,
La ciudad espectral, destruida, a través de la cual nos
paseamos
Filmando, retratando ruinas, atravesando corredores
De los que hace poco sacaron los escombros, subiendo
escaleras
En lo alto de las cuales el paisaje se abre como una
bofetada
Entre piedras, mientras más allá el obstinado césped,
Los árboles sobrevivientes han empezado a poner esos
«verdes halagos» que dijo Góngora.
De Góngora hablarán quizá este domingo los amigos en
casa.
Y quizá, sobre todo si están Enrique y Giannina,
Hablarán de Londres y sus ruinas, de las que nos fue dado
ver un aletazo
Catorce años atrás, cuando ya la guerra empezaba a ser
una memoria borrosa
En medio de un olor citadino de papa hervida.
Pero no estoy sentado en casa, evocando la escritura y la
historia,

Esta noche de domingo en La Habana que es esta mañana
de lunes en Vinh,
Y en realidad no estoy hablando contigo, amor, sino
dejando que el alma aprenda bien
Lo que son las ruinas de la guerra inmediata
Que planea como una corneja sobre nuestro mundo.

¿Por qué volvéis a la memoria mía
(Verso que es, después de todo, bueno),
Amigos nobles y sentimentales
De entonces y de siempre? ¿Por qué ahora,
Entre estos hombres, entre estos paisajes,
Pienso en ti, Fina, en ti, Cintio, en Lezama,
Agustín, Eliseo, Bella, Octavio,
Y en niños que han crecido ante nosotros
Y se han hecho pintores y poetas
Y músicos y hermosas realidades?
¿Fue la raíz del loto, cocinada
Como si fuera yuca? ¿Fueron los
recuerdos de Casal —o de Salgari—?
Sé que entre húmedas pagodas verdes,
Pero también entre los arrozales,
Entre los búfalos eternos, entre
La dolorosa destrucción, paseando
Por esta tierra de los anamitas
Y citando a Martí, tocando aire
De héroes y sombras, he querido mucho
Compartir con ustedes esta brusca
Experiencia mezclada con mi vida
Como mi vida está con la de ustedes,
Amigos nobles y sentimentales.

EL HOMBRE

El hombre recio de tan dura historia
Despierta en la noche de Ha Tinh a sus compañeros de
    habitación
Con los alaridos de espanto de su sueño.

El hombre no es de piedra.

El hombre es de hombre.

OJOS LLENOS DE LETRAS

¡Ojos llenos de letras! «Este despedazado anfiteatro» de
    Ho Xa,
¿Cómo puede no recordarme al que leí de muchacho (y
    enseñé luego) diciendo que era de Rodrigo Caro?
Bajo las destrucciones, ¿hay una Destrucción
Indiferente a edades y paisajes? Alrededor de mi asiento
Recojo fragmentos de metralla
Hasta hacer un montón que no cabe en mis dos manos.
A mi izquierda y a mi derecha
Hay enterrados *rockets*. El escenario
Es inútil buscarlo: es un vacío
Detrás del cual la representación
Es el local sin techo, las desgarraduras casi vivientes
De las paredes. Al frente, he visto
Un acordeón como de los cubistas,
Que es casi lo único que queda
De un cartel cuyo anuncio fue en vano.
Teatro atroz de la atroz realidad,
¿A dónde van las oleadas de letras
Rompiéndose en tu roca, ante el fondo incesante
De bombardeos y de cañoneos que están bramando
Ahora, mientras escribo estas letras, casi como las de
    siempre?

Tenían una casa grande, hermosa.
Al empezar la guerra,
Los vecinos fueron llevados a otra parte.
Sólo quedaron los cuadros y los milicianos
Que podían trabajar y combatir.
Los B 52 arrasaron todas las casas de la zona.
No quedó nada verde.
Hace tres semanas que volvieron.
Ahora viven en esta choza
Junto al cráter de una bomba,
Un cráter del tamaño que tenía su casa.
En él crecen varias matas de plátanos,
Y las gallinas picotean en el fondo.

De *CIRCUNSTANCIA DE POESÍA*

(1971-1974)

EXPLICO AL LECTOR POR QUÉ AL CABO
NO CONCLUÍ AQUEL POEMA SOBRE LA COMUNA

1

En la primera hoja de su antología La Commune de
 Paris, 18 mars 28 mai 1871,
*leo en la letra grande, masculina, despeinada de
 Adamov:*

«A Thérèse / Retamar, / pour l'avenir, / pour l'avenir... / et
 pour le moche / avenir et le / présent, qui sait?/ la
 Commune de Paris / bien amicalement / par interim /
 Arthur Adamov».

*Pero esta dedicatoria a mi hija mayor no puede ser de
 cuando leí por primera vez el libro, en 1960.
Tiene que haber sido de algún tiempo después, de cuando
 estuvo en casa (¿en qué año sería?)
Y vi de cerca su rostro increíblemente parecido al de un
 Humphrey Bogart más móvil, desencajado, con los ojos
 saltones;
De entonces sería, cuando también me dio* Le printemps
 71, *extraordinario, y no del sesenta, ni tampoco del
 sesenta y tres, en su cuartico de hotel atestado de libros,
 ni del sesenta y cinco, tomando grog en un café.
Pero es en el sesenta cuando el libro arde en mi memoria:
 ese año en que mi niña ya me lo había dedicado con
 un garabato (que ahora nos enternece) en el reverso
 de la portada,*

Y en que yo lo leí y lo subrayé ferozmente, porque era el
momento de aprender toda la historia otra vez, porque
habíamos sido arrastrados por el pelo a la historia,
Cantando, aullando, temiendo, esperanzados.
Lecturas de nuevo, o por primera vez, de Marx, de Lenin,
de los libros
Que iba a comprar por las tardes a la librería comunista
Le Globe, *y de los nuevos que Maspero*
Empezaba a publicar, y yo buscaba en La joie de lire,
apenas a unos pasos
De la iglesia de Saint Severin, donde unos años antes fui
con Ricardo Vigón, y donde hace unos siglos dicen que
estuvo Dante.
Mientras yo leía La guerra civil en Francia *de Marx, y*
releía (como si por primera vez pusiera en él los ojos)
El Estado y la Revolución *de Lenin*
En París, casi frente al Sena, con la torre Eiffel en la
esquina de la ventana,
Fidel está haciendo estallar allá lejos el mundo,
inundando los periódicos
Con noticias que son nuestra vida. Hay editoriales
dramáticos sobre el petróleo
En que se habla de banderas rojas que atraviesan el
Atlántico,
Hay nacionalizaciones hermosas como un amanecer
detrás de un palmar.
Y luego aquel discurso en las Naciones Unidas, y el
periodista un poco cínico
Que siente, hasta él mismo, que hay cosas diferentes, y de
pronto se pone a hablar
De Robespierre, de la Revolución Francesa, del idioma
español naciendo de nuevo.
¿Cómo no regresar a la Isla donde está el vórtice de la
historia, y también
El ojo del ciclón, o mejor el ciclón que de un momento a
otro va a estallar?

Si Dios existe, desesperó Nietzsche, ¿por qué yo no soy
    Dios?
Y Bloy: la única tristeza aquí abajo es no ser santos.
Lo que se traducía en aquellos días: si Fidel, el Che,
    Camilo, Raúl, Almeida existen,
¿Por qué yo no soy uno de ellos? Y también: no es fácil ser
    contemporáneo de héroes.
(Siempre he querido escribir un poema a partir de este
    verso, y no he podido ir más allá de este endecasílabo.
    Ahora lo dejo aquí.)
A lo que, unos años después, responderá un amigo (quien
    sin duda sintió lo mismo)
Que no hay que tener el complejo de la Sierra Maestra,
    que hay lugar para todos en la historia,
Siempre que le entregues todo el fuego de que dispongas,
    toda la luz, toda la sangre.
En la memoria apenas puedo separar la noche en que Edú
    me hacía repicar sobre la mesa para estar seguro de
    que yo era de veras un antillano,
De un párrafo como éste de Adamov:

> La burguesía francesa, viéndose en peligro, mos-
> tró su verdadero rostro, el de la ferocidad. Y esos
> valets de la burguesía que son con demasiada
> frecuencia los artistas mostraron también el suyo,
> que se parecía singular y deplorablemente al de
> aquélla. De Flaubert, novelista genial, al vejete
> temblequeante Edmundo de Goncourt, del poeta
> no comprometido Teófilo Gautier al polizonte Má-
> ximo du Camp. todos [nota al pie: «No, no todos,
> Hubo Rimbaud, que escribió: "París se puebla de
> nuevo." Algunos otros más. Y los de la Comuna,
> naturalmente»] dieron razón a la tesis marxista
> de la pertenencia primera a la clase social.

O este otro:

Y de nuevo, los escritores. ¿Era menester disimular
que el joven Zola antes del caso Dreyfus se unió al
coro lamentable de los moderados, de los reticen-
tes? Hugo también, es cierto... Pero él recapacitó y
tomó realmente la defensa de los comuneros hos-
tigados, y fue el primero, el primero de todos, en
reclamar con su voz tonante la amnistía total
para quienes —y él lo sabía— detentaban el por-
venir.

Es fácil comprenderlo: ni en Marx ni en Lenin ni en los
comentarios de Adamov
Yo estaba leyendo el pasado, sino preguntando al
porvenir. Al porvenir que estaba creciendo allá, y cuyo
oleaje
Lamía las costas más alejadas.

3

El 19 de marzo de 1971 escribí de un tirón las líneas que
anteceden.
Ellas debían formar parte de un poema-ensayo sobre la
Comuna
—Y también, evidentemente, sobre otras muchas cosas:
digamos sobre nuestra Comuna, sobre la historia tal
como la vivimos, no tal como la leemos,
Y sobre la manera como se comportan ciertos escritores
cuando el pueblo asalta al cielo—.
Pero ese día tuve que salir a una reunión, a esa reunión
que espera como un charco en mitad de la vida,
Y cuando regresé ya no tenía más versos: ya se había
apagado por el momento
Esa necesidad, esa extrañeza que reclama darse en
palabras,
Con algo de música y algo de verdad,
Y que no puedo encender según mi capricho, como si fuera
un radio o un editorial para la revista
(Aunque hasta el editorial requiere un poco de esa
extrañeza).

Pasaron algunos días. Yo tenía la esperanza de reanudar
de un momento a otro el poema.
Me eché encima la libreta —esta misma donde ahora
escribo—,
Y cuando me encontraba con el bueno de Adolfo
Le decía que sí, que estaba trabajando, que le iba a dar
algo distinto para el número de La Gaceta sobre la
Comuna.
Pero el poema se había quedado detenido como una
catarata congelada por el invierno o por una
fotografía
Donde la forma de la inminente caída es en realidad la
forma de la detención.
Yo esperaba, sin embargo, esperaba confiadamente en
que volvieran a arrancar los versos.
Pero lo que arrancó de nuevo no fueron los versos, sino
la propia historia.
Quiero decir: arrancó de nuevo el asunto del poema,
Aquello sobre lo que yo aspiraba a añadir unas cuantas
palabras más
Hasta hacerlo inteligible y unitario como un cuento o un
rostro.
En esas condiciones, ¿cómo escribir el poema
Cuando su asunto reverdece, vuelve a echar brotes y
centellas,
Se va por delante, se hace carne en las previsibles cartas,
los previsibles improperios,
Torpezas, incomprensiones, cobardías, arrogancias,
trágicas frivolidades de que ya habló Machado?
¿Qué le ocurre al novelista cuyos personajes, de pronto
reales, se ponen a vivir por su cuenta? No sé. Yo sólo sé
Que aquel poema fue tragado, vivido por la realidad.
Ruego al paciente lector que ya ha llegado hasta aquí que
revise
Las observaciones del querido Adamov. Que las lea con
cuidado. Luego,
Que lea ciertos textos más recientes. Aunque pueda
parecer una burda trampa,

Esos textos no fueron escritos para ejemplificar las líneas
de Adamov,
Fueron escritos porque parece que también la historia
tiene sus leyes de gravedad,
Sus piedras que caen con la ignorancia opaca de las
piedras.
Lo lamento incluso por mi poema trunco. Estas líneas de
circunstancia no pueden completarlo.
Me consuelo pensando que también la vida toda es una
circunstancia, aunque algo mayor. También los
poemas supuestamente eternos van a ser barridos
como una hoja de periódico.
Vamos a ver si tengo más suerte la próxima vez.

La Habana, 19 de marzo y 10 de septiembre de 1971

PARA LA TORCAZA

Avanza por la carretera, a la salida del campamento, y
  siente en el aire
Que la lluvia va a comenzar, que en algún lugar cercano
  ha comenzado ya.
El olor de la tierra húmeda le llega a la nariz
(¿O al alma?).
Ella está posada al borde del camino,
Frágil y necesaria como un verso, dibujada, aérea,
Y el auto ruidoso sólo la alebresta en el instante de llegar
  hasta allí.
Alza entonces el vuelo en un asustado remolino de
  plumas.
Él quisiera detenerse y decirle algo: por ejemplo, que la
  lluvia va a empezar,
Que el campo es grande y ningún árbol será mejor que su
  pecho.
Pero sigue manejando el auto, y la mira casi imaginaria
  (gris, dorada, azul) en el cielo de la inminente lluvia:
Ni él habla el lenguaje húmedo de la torcaza,
Ni a la torcaza llega su confuso lenguaje.

FLOR BAJO LA NIEVE

Él también hubiera querido darle una flor que bajo la
    nieve
Anuncia la invencible primavera:
Esa flor cuyo tallo frágil puede sobrevolar el enorme
    océano
Trayéndole el aroma de una nueva estación en la patria
    lejana,
La dulce patria cruzada entre las piernas por un río oscuro
Como una mujer entreabierta por el nido de la ternura y
    el delirio.
Pero esa flor aérea, complicada y ardiente,
Que atraviesa el vasto mar y le anuncia
Que la primavera vivía bajo su nieve y esperaba tan sólo
El extraño amor para encender de nuevo
El tiempo de alas desplegadas como un relámpago de oro,
Esa flor es usted, y es usted quien se la ha dado a él.

TIEMPO DE LOS AMANTES

Los amantes tienen un poco de presente,
Hecho de encuentros furtivos, de llamadas azarosas;
Y hasta pueden tener una especie de pasado,
Intercambiándose a retazos nostalgias del uno o del otro,
Ráfagas de la infancia, un sitio roto, una ruina que fue una
    casa.
Lo que apenas tienen los amantes es porvenir.
Y por eso la dama del perrito se irrita o solloza
    silenciosamente junto a la lámpara,
Porque sabe que no pueden alimentarse de esa sustancia
    impalpable
Sin la cual la vida es como una danza grotesca,
Aunque la iluminen los relámpagos de los besos y la
    sacudan tempestades reales.

—La extrañaré cada vez que pase por esta esquina.
—Ella se operó de la garganta hace un año.
—Y también por esta calle, frente a ese teléfono.
—Primero estaba seriecita, parecía tan valiente.
—No le diré nada del mar, desde luego.
—Pero después le dolió, y preguntó por mí.
—¿Me escribirá enseguida? ¿Me escribirá desde el avión?
—Y también preguntó por su papá.
—¿Verdad?
—Sí, desde luego.

LA DESPEDIDA

Con abstraído aire de oficinista, grave,
Golpea sin mucha esperanza el vidrio, detrás del cual las
     cortinas
No dejan ver a nadie. Pero una de las cortinas,
     precisamente la que está frente a él,
Es echada a un lado, y aparece, nervioso y sonriente,
     deslumbrante, el rostro de ojos azules
De la que va a partir. No pueden decirse nada
Porque el cristal no se los permite: hablan
Y los movimientos de los labios son tan silenciosos como
     los de un pez en una pecera.
Él pone la mano sobre el vidrio, y le pide con los ojos
Que del otro lado ponga ella su mano, como si se juntaran
     las palmas,
Aunque en realidad nada siente uno del otro, sino la
     frialdad del cristal.
Luego, ante la desolación de él, ella empieza a escribir de
     su lado, al revés, en grandes letras,
Y le dice que lo besa (pero no así, sino en el idioma que
     es sólo de ellos y nadie entendería),
Y después, con su dedo de leñadora de flores:
SÓLO
Y otra palabra que él no puede entender porque se lo
     impiden

Los ojos arrasados en lágrimas, de modo
Que ella tiene que escribirla de nuevo:
SALGO
Y luego, ya de prisa, porque el avión está al partir
DEL
(Y sigue escribiendo otra palabra, y él cree que va a ser
    «corazón», y se estremece, pero ella continúa y es)
COCHE
Y ya no puede escribir más, porque la llaman para el vuelo
    inminente,
Y él sube corriendo a la terraza, que está cerrada,
Y no puede decirle adiós sino detrás de otro cristal, donde
    ella no lo ve,
Aunque él la ve a ella, cargando casi sin poder su enorme
    bulto
(Que él daría cualquier cosa por echarse a la espalda)
Hacia el avión que espera en la terrible madrugada
    estrellada.

SORPRENDIDO, FELIZ, PREOCUPADO

De vuelta del hermoso viaje a las lomas, donde he
   hablado con los campesinos sobre los extraños versos
   de Martí
Después del paseo en bote por el lago, enredados entre
   lianas, hundiéndonos en el fango en busca de pequeños
   tesoros,
La muchacha medio adormecida (con su cabeza reclinada
   en mi hombro,
En el *jeep* que nos lleva bajo las constelaciones
Que en vano se buscan en la ciudad y aquí se abren a
   medianoche como las alas de un gran pájaro de
   diamante)
Empieza a hablarme de lo que llama su futurismo y su
   pasadismo:
Su futurismo, que es vivir ahora, previvir, lo que sabe que
   va a pasarle,
Y no poder disfrutar del todo la inminente aventura de la
   escuela al campo,
Porque le parece estar ya al cabo de los cuarenta y cinco
   días, e iniciar el regreso a la ciudad de siempre,
Dejando atrás el diálogo con las estrellas, el amor de los
   cocuyos, las hierbas y las flores;
Y su pasadismo, que es sentir la pérdida inminente de las
   cosas:

Que esa misma pregunta que la amiga querida
Acaba de hacerle desde el fondo del *jeep*, pertenece al
pasado inmenso,
La responde el hecho de estar ya perdida para siempre,
como la llama de la fogata apagada.
Yo le explico que eso es el descubrimiento del tiempo, el
descubrimiento
De que somos tiempo, y en él existimos como el humo en
el aire, como el mismo aire pasajero.
Pero cuando, a continuación, me dice
Que en las discusiones no puede descargar toda su
irritación contra la otra persona,
Porque de pronto se ve en la otra persona, se ve mirando
por los ojos ajenos,
Y siente que la otra también puede tener razones y
ternuras como las de ella misma,
Ya no le digo nada: quedo en silencio,
Sabiendo simplemente, sorprendido, feliz, preocupado,
Que he vuelto a vivir esos sacudimientos de casi treinta
años atrás,
Pero esta vez saliendo de la boca de mi hija, recostada en
mi hombro
Mientras atravesamos la larga carretera de vuelta a casa.

ENTRE DOS MUJERES

Las palabras, el tiempo, divididos
Entre dos mujeres separadas
Por tanto espacio.
        El corazón
Atareado de una carta a otra
«Amor», diciendo, «Mi pequeño amor»,
O «Mi adorada», o «Mi compañera».
Y siempre sin mentir, como tan sólo
Puede hacerlo el amante real, total.
Y el viento luminoso de la revolución
Volando de carta en carta
A dos mujeres separadas (y tan unidas)
A las que firmo con la misma firma
Que es sólo para ellas, pues ¿de quién
Puedo llamarme padre sino de ellas,
Becadas en escuelas diferentes?

UN QUIERO

Por un momento, parece que vuelven a ser niñas,
Como cuando, al partir hacia el acuartelamiento, con
    muchas armas encima,
El 17 de abril de 1961,
La mayor se echa a llorar (la otra está aún en el vientre de
    la madre):
No reconoce a su papá debajo de la extraña indumentaria
(Y él sabe de repente que está viviendo
Ese momento del viejo poema maravilloso
En que Héctor se despide de Andrómaca, y el niño llora,
Aunque en realidad imagina que a donde parte
No es a la guerra de Troya, sino a la guerra de España,
Enredada a su infancia como un aroma nocturno);
O como cuando, sólo con balbuceos en la boca,
La más pequeña, deshecha en risa, viene a buscarlos, y
    ellos piensan
Que quizá es la última vez que la verán,
Y al piano, y a los libros desordenados y bellos como un
    bosque,
Porque es octubre de 1962, el cielo está lívido y no se sabe
Si los truenos tremendos son la lluvia
O el final que ha comenzado;
Por un momento parece que van a pedir
De nuevo un quiero, pequeñitas, sentadas en las rodillas

De quienes creen un mago o una adivina, a pesar
De esas ropas raras y la mirada seria;

                               y luego,

Se oyen sus pasos fuertes, y entran grandes, y de todas
     maneras,
Qué bueno sería que pidieran un quiero.

A NICOLÁS

Cuando yo era muchacho, «Nicolás
Guillén» me era una música asombrosa,
Una voz algo pólvora, algo rosa,
Un rostro dibujado —y mucho más.

Luego fui grande —es un decir—, y las
Tareas de la historia, grave cosa,
Me concedieron la labor honrosa
De trabajar unido a Nicolás

—Libros, Crisis de Octubre, reuniones,
¡Tantas cosas vividas en común!—.
Hoy, tras setenta duras ilusiones,

Al entrañable Nicolás Bakongo
—Amigo fraternal, maestro— dejo un
Soneto donde el alma entera pongo.

A LA ENAMORADA DESCONOCIDA

Sobre la tarjeta en cuyo borde está puesto,
Como la marca del hierro en el anca de la res,
                C 861
                FER c
Alguien colocó un diminuto ramo violeta
Que con el tiempo se ha secado hasta ser ese suspiro de
    sí mismo
Que sólo saben ser las hojas y las flores.
Hay sorpresas y risas ante el descubrimiento,
Abren y cierran la gaveta, el hallazgo
Va de mano en mano, queda sobre un estante
Hasta que una limpieza demasiado eficaz lo devuelve al
    polvo
Del que apenas lo separaba una ilusionada tenacidad.

Debajo de las flores, los versos lejanos
Volvieron por un momento a arder como entonces,
    cuando aún no eran palabras,
Sino el amor, la tristeza, el ruido del mar o de la guerra, la
    vida frutal y húmeda
Que luego van a parar a los papeles
Como los rostros de la madre y la novia se hacen
    fotografías
En la cartera, y luego pedazos casi de olvido, y luego nada;

Debajo de las flores, aquella tarde o aquella noche
En que la escolar, medio en broma, medio en serio,
Entró en la biblioteca y puso el ramo minúsculo sobre la
tarjeta, el poeta
Debió haber sentido en su corazón que no había escrito
en vano,
Que los versos no eran sólo para la oreja esquiva, para los
ojos que no lo miran a él,
Sino también, y acaso sobre todo, para la niña sonriente,
quizá de la misma edad de sus hijas,
Y para otra, para otras que en años venideros sigan
pensando todavía que una flor
Bien puede recostarse sobre ese libro,
Sobre la tarjeta de ese libro,
Con la mezcla de burla, de susto y de ternura
Con que una muchacha pone por vez primera la cabeza
sobre un pecho querido.

SI QUIERE UN TONTO SABER

Hay un aire transparente, con remoto olor a pólvora y
    mansiones de vidrio y hierro y una foto detenida a la
    puerta;
Y hay una callejuela por donde se desemboca en la mañana
    del primer domingo de la ciudad perdida,
Y un parque de altos árboles, con asientos en sombra y
    una enorme fuente
Donde los niños echan barcos ilusionados sin saber que
    los mira de lejos la tristeza;
Y hay una isla frente al mar, con un hotel y un lecho y dos
    jóvenes desnudos al mediodía azul que baña los
    mármoles antiguos,
Y hay un bosque rojo, violeta, dorado,
Que dentro de poco va a ser enteramente cubierto por la
    nieve
(La nieve vista por vez primera a través de los cristales de
    la ventana aquella noche de octubre),
Donde también está mi corazón.

ANIVERSARIO

Me levanto, aún a oscuras, para llevar a arreglar unas
    ruedas del auto, que sigue roto,
Y al regreso, cuando ya ha brotado el hermoso y cálido día,
Te asomas a la ventana que da al pasillo de afuera, y me
    sonríes con tus ojos achinados del amanecer.
Poco después, a punto de marcharme para ir a revisar unos
    papeles,
Te veo cargando cubos con nuestras hijas,
Porque hace varios días que no entra agua, y estamos
    sacando en cubos la poca que haya en la cisterna del
    edificio.
Y aunque tengo ya puesta la guayabera de las reuniones,
    y en una mano la maleta negra que no debo soltar,
Ayudo algo, con la otra mano, mientras llega el *jeep*
    colorado,
Que demora poco, y al cabo me arrastra de allí: tú me dices
    adiós con la mano.

Tú me decías adiós con la mano desde este mismo edificio,
Pero no desde este mismo apartamento;
Entonces, hace más de veinte años, no podíamos tener
    uno tan grande como éste de los bajos.
El nuestro era pequeño, y desde aquel balcón que no daba
    a la calle,

Pero que yo vislumbraba allá al fondo, cuando cruzaba
    rápido, en las mañanitas frías, hacia las clases
    innumerables de introducción al universo,
Desde aquel balcón, allá al fondo, día tras día me decías
    adiós, metida en tu única bata de casa azul, que iba
    perdiendo su color como una melodía.

Pienso estas cosas, parloteando de otras en el *jeep* rojo que
    parece de juguete,
Porque hoy hace veintidós años que nos casamos,
Y quizá hasta lo hubiéramos olvidado de no haber llegado
    las niñas (digo, las muchachas) a la hora del desayuno,
Con sus lindos papeles pintados, uno con un 22 enorme
    y (no sé por qué) dos plumas despeluzadas de
    pavorreal,
Y sobre todo con la luz de sus sonrisas.

¿Y es ésta la mejor manera de celebrar nuestros primeros
    veintidós años juntos?
Seguramente sí; y no sólo porque quizá esta noche
    iremos al restorán Moscú,
Donde pediremos caviar negro y vodka, y recordaremos a
    Moscú y sus amigos, y también a Leningrado, a Bakú, a
    Ereván;
Sino sobre todo porque los celebraremos con un día como
    todos los días de esta vida,
De esta vida ya más bien larga, en la que tantas cosas nos
    han pasado en común:
El esplendor de la historia y la muerte de nuestras madres,
Dos hijas y trabajos y libros y países,
El dolor de la separación y la ráfaga de la confianza, del
    regreso,
Uno está en el otro como el calor en la llama,
Y si no hemos podido hacernos mejores,
Si no he podido suavizarte no sé qué pena del alma,
Si no has podido arrancarme el temblor,
Es de veras porque no hemos podido.

Tú no eres la mujer más hermosa del planeta,
Esa cuyo rostro dura una o dos semanas en una revista de
   modas
Y luego se usa para envolver un aguacate o un par de
   zapatos que llevamos al consolidado;
Sino que eres como la Danae de Rembrandt que nos
   deslumbró una tarde inacabable en L'Ermitage, y sigue
   deslumbrándonos;
Una mujer ni bella ni fea, ni joven ni vieja, ni gorda ni flaca,
Una mujer como todas las mujeres y como ella sola,
A quien la certidumbre del amor da un dorado
   inextinguible,
Y hace que esa mano que se adelanta parecida a un ave
Esté volando todavía, y vuele siempre, en un aire que ahora
   respiras tú.
Eres eficaz y lúcida como el agua.
Aunque sabes muchas cosas de otros países, de otras
   lenguas, de otros enigmas,
Perteneces a nuestra tierra tan naturalmente como los
   arrecifes y las nubes.
Y siendo altiva como una princesa de verdad (es decir, de
   los cuentos),
Nunca lo parecías más que cuando, en los años de las
   grandes escaseces,
Hacías cola ante el restorán, de madrugada, para que las
   muchachas (entonces, las niñas) comieran mejor,
Y, serenamente, le disputabas el lugar al hampón y a la
   deslenguada.

Un día como todos los días de esta vida,
No pido nada mejor. No quiero nada mejor.
Hasta que llegue el día de la muerte.

De *JUANA Y OTROS POEMAS PERSONALES*

(1975-1979)

A la clara y apasionada memoria
de Haydee Santamaría

«No tienen fin las cosas del corazón.»

LI TAI PO

JUANA

«porque va borrando el agua
lo que va dictando el fuego.»

SOR JUANA INÉS DE LA CRUZ

Nada ha borrado el agua, Juana, de lo que fue dictando
el fuego.
Han pasado los años y los siglos, y por aquí están todavía
tus ojos
Ávidos, rigurosos y dulces como un puñado de estrellas,
Contemplando la danza que hace el trompo en la harina,
Y sobre todo la tristeza que humea en el corazón del
hombre
Cuya inteligencia es un bosque incendiado.
Lo que querías saber, todavía queremos saberlo,
Y ponemos el ramo de nuestro estupor
Ante la pirámide solar y lunar de tu alma
Como un homenaje a la niña que podía dialogar con los
ancianos de ayer y de mañana
Y cuyo trino de plata alza aún su espiral
Entre besos escritos y oscuridades cegadoras.

En tu tierra sin mar, ¿qué podría el agua
Contra tu devorante alfabeto de llamas?
De noche, hasta mi cama de sueños, va a escribir en mi
pecho,
Y sus letras, donde vienes desnuda, rehacen tu nombre
sin cesar.

Nada ha borrado el agua, Juana: el fuego
Quema aún como entonces —hace años, hace siglos.

AQUILES

«Ahí va mi padre pedaleando su bicicleta de jardinero»

AQUILES NAZOA

Ocupabas casi el mismo espacio y varios gestos de Víctor
   Manuel.
Bastaba oírte/verte reír una vez para comprender que
   necesitabas hacerlo así,
Porque tenías esa irredimible tristeza del niño al que un
   auto reluciente le ha aplastado ante los ojos su pequeño
   gato,
Y los años siguen pasando, pero los huesecitos no se
   levantan del corazón
Que conoció aquella mañana la espantosa injusticia del
   mundo.

Aquiles podría parecer un nombre demasiado marcial o
   demasiado rígido para ti,
Pero eso sólo lo creería quien no recordara (o no hubiera
   sabido nunca) cómo el griego fiero lloraba inconsolable
   por el amor y la amistad perdidos.
A mí me era mucho más fácil comprender qué bien se
   avenían tu nombre y tú,
Porque una vez regalé a mi novia un caballito de unas
   cuantas pulgadas, negro, lustroso, y con la crin erguida,
   blanca,
Un caballito gallardo como un personaje de *Corazón*,
Que se llamaba, naturalmente, Aquiles.

Te recuerdo en la noche de la Isla de Pinos, junto al mar,
Hablándome de tu María, con quien una tarde (que ya
  no existe) íbamos a estar juntos,
Y evocándome los veleros como grandes gaviotas que hace
  un siglo llevaban el helado a Venezuela, saltando de isla
  en isla,
Mientras Cecilio Acosta, rodeado de infolios, anunciaba su
  inminente llegada con una larga pluma gris de ave;
O atravesando al mediodía, camino de la casa de Soto, el
  laberinto de tu Caracas de violentas plantas sepultadas,
Probablemente en el mismo auto donde unos meses
  después te iba a buscar la muerte,
Que ya estaba en el asiento de atrás, alerta, y era ese
  silencio que no oímos en la conversación,
Ese relámpago que no llegamos a ver en el cristal.

Adiós, amigo de las cosas verdaderas, antiguas y realmente
  nuevas,
Como las flores, las revoluciones, los humildes, los héroes,
  la belleza, las lágrimas;
Adiós, felicidad de los niños, biógrafo de las muñecas de
  trapo, hermano que nos hacías reír y llorar:
Por ti queremos más a Venezuela, a nuestras tierras,
A Martí, que comprendiste, a Cuba, que defendiste como
  un hijo amoroso, a nosotros mismos
Donde sigues estando cuando suspiramos y atardece
Y llega con las nubes un pueblo de jardines rapidísimos
Por los que cruzas montado en la bicicleta de humo de tu
  padre, esa soberana cabalgadura en la que vas
Como el jinete victorioso, azul e inmortal de los cuentos.

PACO

«mi confianza se apoya en el profundo desprecio
por este mundo desgraciado. Le daré
la vida para que nada siga como está.»

FRANCISCO URONDO

No nos conocíamos, y ya habíamos nacido poetas en el
    mismo año, y casi los dos en Santa Fe,
Aunque en barrios, en países tan alejados. Y luego
Escribimos el mismo libro, o
Dos libros con el mismo título. Todavía no nos
    conocíamos,
Pero ya cada uno andaba con su *Historia antigua*,
Porque eso tienen los tiempos comunes: no sólo se
    descubre
El cálculo diferencial o el origen de la familia
Cuando se marcha por el mismo camino,
Sino que también los libros de poesía acaban llamándose
    igual.
Tu *Historia antigua* llegó primero, como si así
Quisieras comunicarnos tu prisa por decir
Que querías que la historia fuera cada vez menos antigua,
Con tanta hermosura ya no pateada, ya no tirada en un
    rincón.
Luego no nos conocimos, sino nos reconocimos, en la
    alegría
De la Isla, en una playa de oro, en el resplandor de la
    Revolución.

Ahora tu verdadera historia es el porvenir, y en su entrada
Tu cara de chico formidable sigue llamando a la pelea,

A soportar y a ganar, y a asegurar
Que ahorita vienen los muchachos, y todo
Va a ser como nunca, con los amigos viejos y nuevos
    abrazados, cantando por las calles,
Todos de vuelta del trabajo, de la construcción,
Y una bandada inmensa de pájaros del amanecer
Entrando en la ciudad con flores y hojas, y
Otra vez tú, muerto pero feliz, porque al cabo
Nada seguirá como estaba, Paco, por ti y por los
    muchachos como tú.

SAÚL

Para Xiomara y los muchachos
Para sus compañeros del ICAIC

A los blancos y negros y chinos y mulatos de que estamos
	hechos,
Y que Nicolás mencionó en versos inolvidables,
A esos tintes corridos, vino a arrimarse aún otro tinte,
Cuando, con pasos cortos y hombros estremecidos,
Saúl trajo al guaguancó habanero el candelabro de los siete
	brazos.

Hace tiempo, en el tiempo en que ese viaje era un hermoso
	riesgo,
Bailó en Moscú una rumba con la que empezó a ganar para
	Cuba los premios y cariños
Que después iría a recoger año tras año,
Sacándose del bolsillo de su chaqueta a cuadros
Películas hechas con amor, con sueños y con rabia,
Documentales violentos y dolorosos,
Idiomas aprendidos en el avión o en el restorán, que iban
	creciendo en torno a su cabeza
Como una enredadera de magnolias azules.

Apenas se había apagado el roce nocturno de sus sandalias
	en el jardín, un domingo,
Con la sombra luminosa y sonriente de Xiomara a su lado,

Cuando ya estaba organizando un Festival en Ciudad
    México,
Enviando un ramo de flores necesario en París o en
    Budapest,
Discutiendo en Karlovy Vary, en Roma o en Bogotá,
Premiando o escogiendo una cinta a brazo partido,
Deshaciendo una torpeza ajena en una ciudad ajena
O en la propia.
Juzgaba el diseño de un cartel, explicaba la colocación de
    un mueble, dictaba veinte cables,
Y apenas se interrumpía para recibir o hacer una llamada
    de larga distancia,
Porque Alejo y Lilia estaban al llegar,
O debía responder a un artículo maligno.

Sin dejar de atender la escuela de los muchachos,
El moisés de la recién nacida parecida a un pétalo,
Luchó contra los amonitas, los filisteos, los amalecitas,
Los diversionistas, los confusionistas, los agentes de la
    CIA,
Y aunque no tuvo espada para esgrimirla o para echarse
    sobre ella,
Levantó su bello corazón cubano de muchacho perenne
    como una espada,
Y defendió con él a su pueblo, sabiendo que se le estaba
    abriendo el pecho.
La sangre que salió de su boca era la misma de los otros
    combates.
La tierra lo acogió como acoge la siembra de los héroes.
Al hombre del humor, el dicharacho y la risa le bañaron la
    tumba con lágrimas.
Su obra no es una escultura ni un cuento ni un poema ni
    una película,
Sino esa impalpable y pudorosa ternura que une a los
    hombres, y el tiempo no puede morder,
Como no puede morder a la luz, al aire, a ese largo abrazo
    bajo las estrellas, ese abrazo
Que cómo podíamos imaginar que iba a ser el último.

OÍDO EN UNA CONVERSACIÓN (PÓSTUMA) CON RICARDO (WAGNER)

Pues la leyenda de un hombre es también parte de la
  biografía de ese hombre
(La cual, naturalmente, no debe confundirse con su vida).
¿Por qué esperar que fueras bueno? ¿Acaso no puede
  fabricarse un armario precioso
Y ser un miserable?: ahí está en su pudridero Benvenuto
  Cellini,
Con sus saleros deslumbrantes y sus crímenes
  abominables.
Tú, además, decías que tenías ideas, pero bien sabemos
Que te las echabas por encima como si fueran capas o
  sombreros.
Lo que realmente tuviste fue el arte o la fatalidad
De organizar esos sonidos que todavía hacen suspirar
A dos que se aman en mitad del crepúsculo salvado.
Por lo demás, fuiste un hijo de la gran puta, Ricardo,
Un hijo de puta que se encaramaba en los amigos y en los
  enemigos,
Y llegado el caso también se encaramaba en las ideas,
Con tal de dar la impresión de que tocaba las estrellas.
Saqueaste nombres, líneas, amores, y te vestiste de ellos.
Hasta tu otra muerte en Venecia fue teatral, con algo de
  falsedad y un poco de verdad.
Hablaste de ti mismo como quien habla del paso de un
  dios por el planeta.

Pero tus memorias son un montón de estiércol removido
Por quienes esperan pasar a la historia metiendo allí
manos, pezuñas o lenguas.
No mencionaré a Nietzsche desengañado ni a Engels
sarcástico, pero Stravinsky escribió (creo recordar) que
en el ruido de Bayreuth
Sólo sintió alivio cuando llegó el momento de los
refrescos.
Aunque sabemos que la mayor parte de él se extinguirá,
Por ahora, sin embargo, tu ruido anillado sigue
escuchándose, y nos recuerda
No ya la duplicidad sino la multiplicidad de algunas almas.
Porque, Ricardo o como te llames, hiciste ruido, pero
Fuiste un hijo de la gran puta, y además

¿Y FERNÁNDEZ?

A los otros Karamazov

Ahora entra aquí él, para mi propia sorpresa.
Yo fui su hijo preferido, y estoy seguro de que mis
  hermanos,
Que saben que fue así, no tomarán a mal que yo lo afirme.
De todas maneras, su preferencia fue por lo menos
  equitativa.
A Manolo, de niño, le dijo, señalándome a mí
(Me parece ver la mesa de mármol del café Los Castellanos
Donde estábamos sentados, y las sillas de madera oscura,
Y el bar al fondo, con el gran espejo, y el botellerío
Como ahora sólo encuentro de tiempo en tiempo en
  películas viejas):
«Tu hermano saca las mejores notas, pero el más
  inteligente eres tú.»
Después, tiempo después, le dijo, siempre señalándome
  a mí:
«Tu hermano escribe las poesías, pero tú eres el poeta.»
En ambos casos tenía razón, desde luego,
Pero qué manera tan rara de preferir.

No lo mató el hígado (había bebido tanto: pero fue su
  hermano Pedro quien enfermó del hígado),
Sino el pulmón, donde el cáncer le creció dicen que por
  haber fumado sin reposo.

Y la verdad es que apenas puedo recordarlo sin un cigarro
    en los dedos que se le volvieron amarillentos,
Los largos dedos de la mano que ahora es la mano mía.
Incluso en el hospital, moribundo, rogaba que le
    encendieran un cigarro.
Sólo un momento. Sólo por un momento.
Y se lo encendíamos. Ya daba igual.

Su principal amante tenía nombre de heroína
    shakesperiana,
Aquel nombre que no se podía pronunciar en mi casa,
Pero ahí terminaba (según creo) el parentesco con el
    Bardo.
En cualquier caso, su verdadera mujer (no su esposa, ni
    desde luego su señora)
Fue mi madre. Cuando ella salió de la anestesia, después
    de la operación de la que moriría,
No era él, sino yo quien estaba a su lado.
Pero ella, apenas abrió los ojos, preguntó con la lengua
    pastosa: «¿Y Fernández?»
Ya no recuerdo qué le dije. Fui al teléfono más próximo y
    lo llamé.
Él, que había tenido valor para todo, no lo tuvo para
    separarse de ella
Ni para esperar a que se terminara aquella operación.
Estaba en la casa, solo, seguramente dando esos largos
    pasos de una punta a otra
Que yo me conozco bien, porque yo los doy; seguramente
Buscando con mano temblorosa algo de beber,
    registrando
A ver si daba con la pequeña pistola de cachas de nácar
    que mamá le escondió, y de todas maneras
Nunca la hubiera usado para eso.
Le dije que mamá había salido bien, que había preguntado
    por él, que viniera.
Llegó azorado, rápido y despacio. Todavía era mi padre,
    pero al mismo tiempo
Ya se había ido convirtiendo en mi hijo.

Mamá murió poco después, la valiente heroína.
Y él comenzó a morirse como el personaje shakesperiano
    que sí fue.
Como un raro, un viejo, un conmovedor Romeo de
    provincia
(Pero también Romeo fue un provinciano).
Para aquel trueno, toda la vida perdió sentido. Su novia
De la casa de huéspedes ya no existía, aquella trigueñita
A la que asustaba caminando por el alero cuando el ciclón
    del 26;
La muchacha con la que pasó la luna de miel en un hotelito
    de Belascoaín,
Y ella tembló y lo besó y le dio hijos
Sin perder el pudor del primer día;
Con la que se les murió el mayor de ellos, «el niño» para
    siempre,
Cuando la huelga de médicos del 34;
La que estudió con él las oposiciones, y cuyo cabello
    negrísimo se cubrió de canas,
Pero no el corazón, que se encendía contra las injusticias,
Contra Machado, contra Batista; la que saludó la
    revolución
Con ojos encendidos y puros, y bajó a la tierra
Envuelta en la bandera cubana de su escuelita del Cerro,
    la escuelita pública de hembras
Pareja a la de varones en la que su hermano Alfonso era
    condiscípulo de Rubén Martínez Villena;
La que no fumaba ni bebía ni era glamorosa ni parecía una
    estrella de cine,
Porque era una estrella de verdad;
La que, mientras lavaba en el lavadero de piedra,
Hacía una enorme espuma, y poemas y canciones que
    improvisaba
Llenando a sus hijos de una rara mezcla de admiración y
    de orgullo, y también de vergüenza,
Porque las demás mamás que ellos conocían no eran así
(Ellos ignoraban aún que toda madre es como ninguna,
    que toda madre,
Según dijo Martí, debiera llamarse maravilla).

Y aquel trueno empezó a apagarse como una vela.
Se quedaba sentado en la sala de la casa, que se había
    vuelto enorme.
Las jaulas de pájaros estaban vacías. Las matas del patio se
    fueron secando.
Los periódicos y las revistas se amontonaban. Los libros se
    quedaban sin leer.
A veces hablaba con nosotros, sus hijos,
Y nos contaba algo de sus modestas aventuras,
Como si no fuéramos sus hijos, sino esos amigotes suyos
Que ya no existían, y con quienes se reunía a beber, a
    conspirar, a recitar,
En cafés y bares que ya no existían tampoco.

En vísperas de su muerte, leí al fin *El Conde de
    Montecristo*, junto al mar,
Y pensaba que lo leía con los ojos de él,
En el comedor del sombrío colegio de curas
Donde consumió su infancia de huérfano, sin más alegría
Que leer libros como ése, que tanto me comentó.
Así quiso ser él fuera del cautiverio: justiciero (más que
    vengativo) y gallardo.
Con algunas riquezas (que no tuvo, porque fue honrado
    como un rayo de sol,
E incluso se hizo famoso porque renunció una vez a un
    cargo cuando supo que había que robar en él).
Con algunos amores (que sí tuvo, afortunadamente,
    aunque no siempre le resultaron bien al fin).
Rebelde, pintoresco y retórico como el conde, o quizá
    mejor
Como un mosquetero. No sé. Vivió la literatura, como
    vivió las ideas, las palabras,
Con una autenticidad que sobrecoge,
Y fue valiente, muy valiente, frente a policías y ladrones,
Frente a hipócritas y falsarios y asesinos.

Casi en las últimas horas, me pidió que le secase el sudor
    de la cara.
Tomé la toalla y lo hice, pero entonces vi

Que le estaba secando las lágrimas. Él no me dijo nada.
Tenía un dolor insoportable y se estaba muriendo. Pero el
    conde
Sólo me pidió, gallardo mosquetero de ochenta o noventa
    libras,
Que por favor le secase el sudor de la cara.

LA GRAN BELLEZA CUBANA

La gran belleza cubana de párpado suave,
Alta, sobrevive,
Inmarcesible, en la ciudad hostil donde el otoño
Regala su luz de diamante a cristales y árboles que no
     estaban perdidos.

Quiere saber la niña cómo sigue su isla,
La lejana, ahora que ella es grande: y el idioma
Guardado entre sus labios,
Entre sus dientes de dulzura irregular,
Resbala, tiembla, es la isla misma
Hablando, hablándose. Una extraña justicia
Preservó sus largas piernas, su cintura, su frente
Coronada de oscuras plumas, sus ojos glaucos
Desde donde desciende la tarde junto a un aire áspero,
Y el nuestro, apenas perceptible, pero inminente,
Como cuando es la madrugada y pronto va a clarear.
La isla está bien, le digo, sigues bien,
Cada vez mejor,
                     más hermosa, más real.

Nueva York-La Habana
octubre-noviembre de 1977

BALADA DE LOS REGALOS

(Idea del persa)

Ella le regala un islote arrancado a las espumas, una casa
    ocre
Dibujada en la noche con la delicadeza de un poema.
Él le regala un nombre antiguo, una luna alta de alas
    frágiles.
Ella le regala un muelle en el atardecer, donde estaba su
    perdida adolescencia marina.
Él le regala un león bramador, unos flamencos
    interrogantes.
Ella le regala una infancia que no se termina, la sombra de
    un padre
Que la despierta sosteniéndola por la cintura y le musita
    palabras al oído,
Como un novio atormentado y feliz, para que se vaya y
    regrese.
Él le regala papeles ilusionados, unos corales fieros, unas
    piedras inventadas por el golfo para su cuello de garza.
Ella sube al balcón más bello de la Isla, hunde la mano en
    su entreabierto pecho de doncella,
Y le envía un puñado de jazmines con el perfume intenso
    de su cuerpo.
A él ya no le quedan para darle sino ramos de furiosa
    melancolía, besos en el aire,
Centellas inextinguibles en el enorme cielo oriental

Que brota de las montañas cuajado de azahares plateados
y nubes huracanadas.

CARLOS FONSECA HABLA DE RUBÉN DARÍO

Nunca han sido sus versos más hermosos
Que recitados por la boca trémula
De esta muchacha herida, princesa de verdad
Bajo el nicaragüense sol de encendidos oros.
Para ella, de regreso del combate,
Esos versos son también su alimento: ella defiende
La belleza de esas palabras populares
Como defiende la justicia, esta tierra en que nació,
Arriesgando su pecho casi de adolescente
Frente a la bárbara metralla. Tiene en su mochila
Un libro de Rubén, una foto de Sandino con el sombrero
    alón,
Una carta triste y esperanzada de su madre
Y el puñado de jazmines que le dio su novio.
Esos versos son nuestro orgullo y nuestro lujo,
Un lujo de los pobres, como las montañas y los
    atardeceres,
Pero creo que nunca han sido más bellos
Que en la boca de esta combatiente herida.
Ya yo no los escucho: he muerto en la batalla.
Ahora estoy donde están Darío y Sandino: soy nadie, soy
    todos.
Sin embargo, sé que la victoria es inminente,

Y sé que ella, nacida como un niño entre el dolor y la
    sangre,
Nacida como un niño del amor,
Vendrá recitando esos versos de un muchachito
    nicaragüense
Que se hizo hombre y famoso, y no olvidó jamás
La tierra de volcanes, de penas y de luchas
Donde reposa como un padre en el corazón de su pueblo.

La Habana, 18 de junio de 1979

De *HACIA LA NUEVA*

(1980-1988)

A CINTIO

«Hay que empezar de nuevo.»

C.V.

Estamos frente a la Plaza constelada de tenderuelas, de
quioscos llenos de colgantes, de cosas de feria,
Y hay un ruido, probablemente una música, disputándose
el aire con los truenos y la lluvia,
Esta tarde de sábado en que han suspendido nuestra firma
de libros
Que por otra parte quizá nadie hubiera comprado
Sino nosotros mismos, furtivamente (al cabo lo hacemos
así), para darlos a otros amigos como en aquellos
tiempos.
Eliseo está mascullando algo, yo pretendo estar alegre
para que no se vea que estoy triste,
Y Adelaida aprovecha para callarse con el silencio de los
tres.
Tú no estás. Pero de repente sí estás, has aparecido quién
sabe cómo, y vienes caminando hacia nosotros desde
la Plaza,
Y cruzas la calle, y ahora sí nos ponemos contentos al
mirarte
Como si fueras un niño vestido con ese uniforme de la
escuela que nunca queda bien del todo,
Como si fueras un soldadito de juguete que se divirtiera
con él mismo.
Y Eliseo y yo nos cuadramos, excusándonos por andar de
civiles,

Frente a tu uniforme de integrante de las Milicias de
    Tropas Territoriales,
Porque vienes de una citación, y no has tenido tiempo para
    ir hasta Mendoza a cambiarte.
Todo es abrazos, todo es alegría. Y de pronto

Todo es hace mucho tiempo. Hace ochenta y seis años.
No puede ser aquí donde nos reunimos. No estaríamos en
    los soportales
Del Palacio del Segundo Cabo, y mucho menos
Frente al Palacio del Capitán General.
No sólo es otro tiempo: es otro sitio.
Pero estamos juntos. No has querido decirle todavía nada
    a la novia:
Le has dejado unos versos («amiga, amada, alma mía») y
    una carta.
Rosa se los llevará mañana, con una pucha de mariposas
    húmedas y fragantes.
Tu alegría te ilumina. Dentro de poco
Estarás en la manigua. Sales al amanecer. Ya todo está
    arreglado.
Quizá veas al General Antonio (que conmovió hasta al
    pobre Julián), a Gómez, a Calixto.
Y sobre todo quizá lo veas a él, y hablen. Seguro que lo vas
    a encontrar.
De cualquier modo, pronto estaremos juntos todos allá.
Allá está la patria, entre los montes, bajo las palmas
Que insistes en llamar «angustiosa patria».
Tu felicidad es tan grande como la noche,
La noche estrellada, que nos envuelve a todos, maternal,
    en este cariño que no puede ser el último.

O son sólo treinta años atrás. «Cintio viene ahora», me dice
    Berta.
Y yo espero, de cuello y corbata, con mis veintiún años y
    mis papeles, espero
Hasta que llegas, entrando por el pasillo.
Pareces más joven de lo que yo creía, y lo eres.

Pero tu sonrisa no tiene edad: fue la del niño y será la del
    anciano,
Es la sonrisa del corazón.
No sé sobre qué empezamos a hablar,
Y de súbito es el deslumbramiento:
Una muchacha que es la belleza y la luz y la poesía
Entra también por el pasillo. Ya entonces, como un rayo,
Aunque sólo después lo comprenderé, la querría inmortal.
(Que lo sea, para que las cosas, tan extrañas, tengan
    sentido.)
Lo demás es un presente que no se acaba, que no se
    acabará.
Lo demás es ternura, libros, discusiones tónicas «como el
    aire del océano», visitas, gratitud.
Lo demás es la vida en común,
La vida que prefigura al comunismo,
Cuando todos compartiremos la poesía y el trabajo y el
    amor y la verdad
Y la radiante justicia y el fastuoso, enigmático misterio
De habernos encontrado y estar juntos para siempre.

Es algo de lo mucho que quería decirte, hermano,
Hoy que cumples (¿cómo es posible?) sesenta años.

A UN TRAIDOR

Te llevaste algunas cosas, pero no las más importantes:
    por ejemplo, no te llevaste
El ramo de flores diminutas que la novia se puso en la
    cintura
Después de la boda íntima donde no estabas
Porque, según supe luego, no tenías saco y no quisiste ir
    sin él.
Eran los tiempos en que creías en lo que decías y decías
    lo que creías.
Cuando te casaste, te regalé un ejemplar del *Quijote*.
Tampoco lo has llevado contigo: por algún rincón se
    muere de risa o de vergüenza.

Aquel muchacho, flotando al viento, entreabierta, su única
    camisa,
Con quien en las largas caminatas nocturnas
    intercambiaba canciones y poemas
Quizá mal memorizados, seguramente ardiendo en el
    alma
(Casi no teníamos otra cosa que esas canciones y esos
    poemas,
Ni otras alegrías que caminar barrio abajo en busca de los
    amigos),
Ese muchacho se ha quedado aquí, aunque ahora

Tiene más que nosotros en esos años, y no necesita robar
　　un libro de matemáticas
Para venderlo y comer al otro día.
Ese muchacho sigue descendiendo interminablemente la
　　calle
Con la boca florecida de versos y de risa.
Le bastan las estrellas, y es dueño de mucho más que las
　　estrellas.
Yo lo oigo a cada rato, cierro los ojos y lo oigo y lo veo,
Junto a muchos que también recorren calles y parques sin
　　olvido.

Entonces había otras gentes, pero no tenían nada que ver
　　con nosotros.
No podíamos ni imaginar de dónde habían salido,
Cuando el mundo, a pesar de todo, estaba hecho para el
　　amor,
Cuando en el mundo había muchachas y libros y héroes y
　　memorias de héroes.
No nos atrevíamos a confesarlo, pero quizá algún día
También hiciéramos un libro como aquéllos,
Y seríamos queridos por alguna muchacha
A la que no la atemorizaran la pobreza ni los sueños.
Había otras gentes, sí, pero nos limitábamos a execrarlas
　　con una palabra brusca
Y seguíamos caminando calle abajo, mundo arriba.

Ahora sabemos, con qué tristeza, de dónde salen esas
　　gentes.
El muchacho aquel te está mirando, perplejo, con sus ojos
　　desolados.
Tú no eres ni fuiste nunca ese muchacho: tú te has vuelto,
　　y, sin saberlo, siempre fuiste,
Eso que execrábamos, al pasar, en las hermosas noches
　　inmortales.

ÚLTIMA CARTA A JULIO CORTÁZAR

«Ahora serán las palabras,
las más inútiles o las más elocuentes.»

J.C.

Ésta es otra carta que no llegará a su destino, que no tiene
destino.
Es absurdo compararla, cosa fácil, a una botella arrojada
al mar, a una paloma mensajera,
Porque no hay nadie al otro lado para recibirla,
Y podría seguir girando, astro perdido,
De no ser porque se extinguirá mucho antes, quizá apenas
al nacer,
Tan amarrada se halla a lo que querría decir, a lo que
querría recordar, a lo que está del lado de acá, a lo que
en realidad ya no está en parte alguna.

Primero fueron búsquedas un poco desganadas y
naturalmente infructuosas por el París de mediados de
los cincuenta.
Luego, una reunión convenida de antemano, a la que no
fuiste, en 1960, en un café de Trocadero (¡como la calle
de Lezama!).
Íbamos a hablarte (¿a convencerte?) de la Revolución
Cubana, que acababa de empezar,
Y te había dado cita quien era entonces un común amigo
querido de cuyo nombre me acuerdo muy bien,

Y que me gustaría que todavía fuera para mí un amigo
    querido: prefiero evocarlo en ese tiempo, en ese
    instante.
Creo que tú y yo nunca llegamos a hablar de esa reunión
    frustrada durante la cual vimos caer la noche sin ti como
    quien ve caer la nieve,
Y, sin embargo, pienso que de eso que no ocurrió nacieron
    tantas cosas!
Hay puertas, bien lo saben tus fábulas, que no deben
    abrirse antes de tiempo:
Es necesario esperar la sazón para esa apertura, para
    concurrir a la cita, empujar suavemente con la mano,
    entrar,
Y saber que hemos venido a esa (esta) casa para
    permanecer en ella,
Porque todo está allí patas arriba, que en este triste mundo
    es quizá lo único sensato que nos va quedando,
Y además, como en aquel Teatro Integral de Oklahoma,
    creo que así se llamaba (¿se llamará?), del hermano
    Franz,
Allí esperan la novia de la infancia, una trompeta o un
    muñeco perdidos, el bastón para el que hay primavera,
    cierta manera de soñar y creer en el sueño
Que sólo conocen la infancia, alguna poesía y la
    revolución:
Esa otra infancia poética con garabatos, proyectos para
    cuando seamos grandes y fuertes y,
En fin.

Así, en 1963 (ya lo has contado tú, ya lo ha contado casi
    todo el mundo),
Maduro para atravesar la puerta como quien se desposa
    con el cielo o el mar,
O mejor con la pobre bella golpeada abrumada tierra
    plena de mujeres y hombres hechos para ser felices y
    hermosos,
Llegaste a donde tanto se te había esperado.
No me refiero sólo a Cuba, desde luego, ni siquiera a
    nuestra América,

Sino a esa zona de la sorprendente realidad
Que estuvo casi media centuria todavía más pobre
Porque no estabas tú, quien habías ido acarreando y
    creando tesoros sin saber que después ibas a
    repartirlos
(Como un mendigo grandullón que se los iba sacando
    distraídamente del bolsillo inexhausto)
A presos como Tomás Borge, a una muchacha que al cabo,
    después de leerte, no se suicidó,
A quienes no van a dejar de ser jóvenes, ni de estar
    perplejos y batalladores
Ante la vida perplejeante.

Después, durante más de veinte años,
Fuimos un poquito menos pobres, en parte por las cosas
    que trajiste,
Por ti,
Por vos.

Al final (claro, sin saber, sin aceptar que era el final)
    empezamos a vosearnos.
Pero no por tu Buenos Aires querido, donde apenas estuve
    unas semanas, antes de conocerte,
Sino por la tierra que hiciste tuya en tus últimos años,
Por la que peleaste con la linda gallardía que era tu manera
    natural de pelear
(Linda aunque me parece que a veces te equivocaste de
    molino,
Pero al cabo cada cual tiene derecho a molinear a su
    manera,
Con tal de no apearse del rocín ni avergonzarse del
    grotesco yelmo).

Y bueno, si en 1963, llenos de tú y relámpagos y realidades
    y esperanzas
Y sin una gota de barba los dos,
Al fin nos vimos, en La Habana, en una suntuosa escalinata
    que debía conducir

A una especie de toma de una especie de Palacio de
    Invierno,
Algo más de veinte años más tarde nos veríamos por última
    vez, en Managua,
rodeados de vos, de voseos, de otros relámpagos, de otras
    realidades, de otras esperanzas
(Iguales y distintos, iguales y distintos),
Barbados y con tantos años que ya era tiempo de empezar
    a tomar en serio o en carcajada la vejez y quizá hasta
    la muerte.

¿Eran ésas las cosas en que pensaba, Julio, cuando entre
    el 13 y 14 de febrero de 1984
Volaba hacia París para verte por última vez, para ver cómo
    te enterraban?:
Lo que no pudo ser, porque, a pesar de nuestra angustiada
    prisa, tanto el avión de Tomás como el mío,
Quienes llevábamos tierra fresca de Nicaragua y de Cuba
    para dejarla en tu tumba,
Llegaron, sobre el inmenso Atlántico, horas después
De que te hubieran devuelto a la insaciable.
No importa mucho, a la verdad, no haber visto lo que
    quedaba de vos.
Eso que dejaron grande, magro y azorante en el agujero
    no eras vos.
Qué van a creerlo los muchachos que te cuidan en tantas
    partes,
Los compas que, entre combate y combate, te leen en
    Nicaragua,
Los nuevos Tomás entre los barrotes de cuyas cárceles
Entrás antes que el amanecer para decirles
Que este mundo tan raro va a ser mejor, mejor,
Y un día nos veremos desayunados todos,
Como dijo el padre Vallejo,
Que también se murió en París
Con América y los pobres del mundo metidos en los
    huesos,
Y musitando *España, aparta de mí este cáliz.*

Ahora vos te has muerto clamando:

> «¿Vamos a dejar sola a Nicaragua en esta hora que
> es como su Huerto de los Olivos? ¿Dejaremos que
> le claven las manos y los pies?»

No, Julio, no te la dejaremos sola.
No puede ocurrir otra vez. También te debemos eso, esta
    promesa.
Ya es demasiado que a César, antes de enterrarlo en
    Montrouge,
Le hubieran dado lo que era de su César,
Y no le apartaran aquel cáliz.
A vos te decimos, entre los terrones de Montparnasse o
    donde estés,
Que bien sabemos que es en un colmenar de corazones,
Que en la nueva hora del Huerto de los Olivos,
El pueblo héroe que amaste
Como se ama a una mujer que es un pueblo
Tendrá a su lado el mundo,
Y no dejaremos que le claven las manos y los pies,
Muerto del alma, hermano queridísimo,
A nuestra Nicaragua tan violentamente dulce
Como vos.

NOSOTROS, LOS SOBREVIVIENTES

Que antes fue el título de una buena novela tuya,
Y antes aún un verso mío que tú generosamente
    propagaste,
Ahora es de nuevo una lacerante perplejidad
Ante tu última broma, tu desaparición
Que nos priva del elfo de pelo rojo de nuestras letras,
Del Cabeza de Zanahoria real, no el de Jules Renard
(¡Cómo te gustaban las citas verdaderas, y todavía más las
    apócrifas,
Quizá anticipando sin saberlo este momento
En que no estamos seguros de si tu muerte es verdadera
    o apócrifa!)

Se te veía caminar ligero, ocultando una cerbatana traviesa
Cuyos dardos no nos dejaban dormir ni despertar en paz.
Ya nos habías matado varias veces,
Y cada uno de nosotros conserva, con risa o perdonada
    molestia,
El epitafio que nos tenías destinado.
El mío siempre me dio alegría, y no resisto la tentación de
    evocarlo:
«Caminante: aquí yace Roberto
(Por supuesto, Fernández Retamar).
Caminante: ¿por qué temes pasar?

203

¡Te juro por mi madre que está muerto!».
Esperaba que ese epitafio, escrito en el fondo de una caja
  de tabacos, lo echaran
En la bahía de La Habana, con mis cenizas dentro.
Pero el caso es que tú no asistirás a esa grotesca ceremonia,
La cual seguramente te hubiera provocado alguna nueva
  cuchufleta.

Te dije, cuando tu muerte parecía inconcebible, aunque
  estabas enfermo,
Que un día comprendí, pensando en tus primeros y ya
  felices poemas
(Algunos de los cuales tuve la dicha de publicar en *Casa*),
En escuelas militares y cortes de caña compartidos, en
  publicaciones y abrazos y viajes y discusiones y cartas y
  llamadas,
Cómo formabas parte de mi vida, gnomo, flautista.
Y ahora resulta que en pleno florecimiento (los griegos lo
  llamaban acmé: buena cita, ¿eh?), te vas,
Y nos sorprendes, y nos estropeas la partida, y nos llenas
  de lágrimas
Después de habernos llenado de carcajadas y esperanzas
  y cumplimientos.

¿Verdad que vas a regresar? ¿No deben servir para eso las
  quince mil vidas del caminante?
Sólo te pedimos una más, y que la uses hasta el final,
Y pueda volver a decir: «Nogueras, Luis Rogelio», y en el
  fondo del aula
Se oiga otra vez una delicada sonrisa, y luego un silencio
  punzó, y luego: «Presente».

VENECIA: QUÉ EN TI BUSCA

Para Ernesto Cardenal, en sus sesenta años

«Mas ¿qué en ti busca mi anhelante vista [...]?»

HEREDIA

Volver a Venecia, inundada por el agua como una mujer
   por el amor.
La Plaza, los campos (que no lo son), las palomas, los
   turistas
Devorando la ciudad como termitas, comprando
   caracoles, máscaras, fotos,
Haciéndose retratar junto al pasado detenido
En otra fotografía mayor. ¿Seremos nosotros también
   termitas?
¿Te estaremos devorando a nuestra vez, reina antigua, no
   obstante nuestras risas,
Nuestros bailes y músicas (somos los cubanos:
Eso se espera de nosotros)? Debe ser triste, en todo caso,
Vivir en un museo, visitado con planeada curiosidad,
A pesar de que de tiempo en tiempo una especie de
   Ludovica la Mora
Cuente en sillas abandonadas hasta el alba, hasta la fatiga,
   hasta el resfrío,
Relatos enlaberintados de ajenos amores extraños. Quizá
   también eso
Es un trozo del paramento, como las sirenas nocturnas
Anunciando la subida de la marea, que nos obliga a ir
   chapoteando
Bajo una lluvia fría hasta el hotel. Sí, también somos
   termitas.
Entre el agua y nosotros, pronto no quedará nada de ti.
Pero no es eso, de seguro no es eso

Lo que me produce esta tristeza antillana, sólo
   interrumpida a ratos
Por el paraguas que espadea el comendador Eusebio
Contra el insulto de un destacamento de la OTAN
Manchando tu mar tan altivo antaño,
O por la alegría infantil que nos repartimos como el pan,
   como el vino,
En el restorán que tiene nombre y alas de ángel.
Venecia: ¿qué en ti busca mi anhelante vista?

Hasta que llegás, como un animalito de nuestras tierras,
   un pizote.
Tenés la sonrisa cansada pero luminosa.
Entonces se escucha desde lo alto de los caballos de
   bronce de la basílica
(Que ahora son copias para que el metal de los originales
No se siga corroyendo y se evaporen antes que el resto de
   la ciudad),
Se oye desde allá, o quizá desde la gran torre con El León,
O no sé, de algún sitio que hace volver los ojos y el alma
   hacia arriba,
Se oye cantar el zanate clarinero en la Plaza San Marcos.
Hay también una lapa que habla alemán y recita
   complicados pasajes de la *Filosofía de la Historia* de
   Hegel,
Pero nació en Nicaragua, y atravesó el Atlántico hace uno
   o dos años.
Alrededor del barquito que lleva al Lido donde está tu
   hotel, el de *Muerte en Venecia*, más allá de la ciudad,
Aunque menos lejos de lo que Mancarrón está de San
   Carlos,
Mientras los periodistas te asedian a preguntas, te rodean
   de grabadoras,
Y vos respondés mirando hacia otra parte, y decís que no
   sos un político sino un revolucionario,
Y hablás de tu país con un amor grande, doloroso y tierno,
Las garzas del lago de Nicaragua han empezado a volar por
   encima de nosotros,
Pasan incluso sobre los barcotes de la OTAN,

Donde no las ve nadie porque a bordo sólo hay ciegos y
    sordos y mudos.
Se huele, en el olor a mar, que los tiburones del lago,
Sorprendidos de estar de vuelta en el agua salada,
Andan por allá abajo, escoltandoté como pueden.
Y llegamos, y vos me das libros, papeles, revistas
En los cuales yacen el amor del mundo y la pena de la
    distancia, que de repente no existe:

Estás leyendo en Venecia, que se ha ido llenando de
    compas vestidos de verdeolivo.
Fueron enviados a la montaña, y algunos son tan jóvenes
    que pareciera que jugaran a las armas,
Pero por desgracia no es así: están peleando una guerra
    amargamente verdadera,
Aunque a muchos apenas les asoma el bozo,
Y a muchos no les asomará ya nunca.
Nos dicen que acaban de llevar a un hospital de campaña
    a un adolescente
A quien un morterazo le cercenó la parte de atrás de la
    cabeza,
Y a un ministro sabio, y hermoso como un semidiós,
Que murió combatiendo, pero antes llegó a saber que los
    hombres y mujeres que dirigió triunfaron,
Y ese pedazo de la patria que le habían encomendado
    cuidar
Sigue en las manos cariñosas del pueblo.
Vos leés tus poemas a esos soldados y milicianos
Que han atravesado los puentes mirando con sorpresa las
    góndolas,
El balcón desde el que se lanzó al Gran Canal Lord Byron,
Quien después iría a luchar por Grecia y tenía un velero
    llamado Bolívar,
O el balconcito al que se asomaba, tosiendo y tosiendo en
    la noche,
Ensangrentando su pañuelo de seda, Mozart.
Los compas ponen a su lado las armas, se sientan en el
    suelo de la Plaza.
La tarde les hace pensar en Managua, en Jinotepe,

En la novia o el novio lejanos,
Mientras tu mirada ya deja de mirar a otra parte: los mira
con orgullo y felicidad a ellos,
Y tu voz se hace grave y estremecedora como una
llamarada,
Y todos sienten que decís lo que ellos también querían
decir.
Y va anocheciendo en Ocotal, en Matagalpa, en Bonanza,
las lomas y las arcadas se van borrando,
Los turistas se evaporan mucho antes que los caballos de
San Marcos,
Los barcos de la OTAN salen volando, graznando, cuervos.
El viento te mueve la cabellera blanca,
Silvio Rodríguez se acerca tocando su guitarra hecha de
unicornio y batallas,
Alicia Alonso viene danzando como un lirio,
Y vos leés y leés, hasta que amanece,
Y los compas se van levantando uno tras otro,
Y escalan entre las nubes a su barco llamado Sandino que
ahora reluce,
Porque tienen que volver a pelear, porque los criminales
no pasarán,
Y tus poemas quedan sonando como un arcoiris,
Como las palmas inesperadas de Heredia sobre el Niágara
hechizante,
Y ahora sé, hermano Ernesto, qué echaba de menos, qué
buscaba
En la reina del Adriático. Tenía como vos
Nostalgia del futuro, y vos lo habés traído
Y desplegado, linda bandera rojinegra,
Belleza de ojos de cierva, necesidad del alma.

PAYASO AL DESCUBIERTO

Con Eliseo Diego

El payaso tiene pintarrajeada la larga cara soñolienta,
El sombrero puntiagudo de lado, pero que aun así le cubre
    la calva,
Y los zapatones tranquilos, como perros apaleados, sobre
    el aserrín.
De pronto se da cuenta de que está solo en la carpa,
    sentado en una banqueta casi tan vieja como él.
Se fueron los trapecistas y los elefantes, los caballos
    enjaezados de amazonas,
Los malabaristas orientales, los niños, los mayores, los
    osos con patines, los músicos, los dulces.
El hilo de luz indecisa que cae a sus pies debe venir de un
    anuncio o de un hotelucho a través de una desgarradura
    en la lona,
Porque el circo está apagado, y él, sin saberlo, se ha
    quedado dentro: lo han olvidado como a un bulto.
Se acabaron los ruidos, se apagaron los aplausos.
Será inútil que se levante y mueva las mangas de colores,
Repitiendo los gestos que otros inventaron
Y con los que creía divertir cuando en realidad no era ni
    ha sido nunca sino un paréntesis
Entre la entrada maravillosa de los leones y el pájaro
    azulenco que adivina el porvenir.
Hace mucho tiempo supo que ese no era su reino:

Su único reino verdadero, lo adivinó desde niño,
   temblando,
Cuando no podía ni pensar que llegaría a ser payaso,
Es el de Lear y Ofelia, pero ni siquiera le ha sido concedida
   la corona de hielo y espanto
De ese su único reino. Le recuerdan sabiamente que echa
   a perder las cosas
Con indecisiones, traspiés, cables.
Y él se limita a pintarrajearse la cara, con lo que no se le
   ven las lágrimas,
Ponerse los zapatones hinchados, la ropa más grande y
   más pequeña.
Se conformaba con creer que hacía reír, o por lo menos
   sonreír,
Pero ahora lo han dejado solo, encerrado, olvidado como
   un bulto,
Y se palpa la frente a ver si ya están allí silencio y chillidos.
Pero no: sobre su cabeza sigue el sombrero puntiagudo,
   mal puesto,
Y a sus pies una pequeña luz que seguramente gente
   también seria ha dejado olvidada, por descuido, como
   a él.

1986

LA NUEVA

Si una mujer le pide a uno fósforos, a la salida del cine,
Casi de seguro se le dirá: «no fumo, hija».
El país se ha ido poblando de gentes
Incluso mucho más jóvenes que las hijas.
Hay otras canciones que no aprendimos a cantar,
Otras aventuras verbales, otros cuadros,
Otras maneras de eludir los cuadros.
Las tristezas se van haciendo más frecuentes, y los cabellos
    más ralos.
Esto se llama empezar a envejecer, esto se llama
Repartir adioses a las personas y las cosas queridas,
Aunque es también experimentar que el amor no se
    dispone a desaparecer
Y asume formas nuevas a lo largo de toda la escala.
Nadie lo dice mejor que la que todavía no anda ni entona
    canciones,
La que se fascina ante las piedrecitas del vasto mundo,
La que estrena sonidos intercambiables como chispas en
    la sombra,
La que tiene en diminutivo los rasgos del padre y los
    esplendores de la madre,
La nieta que avanza por la vida como un juguete
    sorprendente,
Como una hoguera dueña del futuro que debe construir

Con los fuegos que hemos dejado en su sangre
Y con los que ella encenderá frotando piedras, esperanzas,
   auroras
Donde vuelve a empezar centelleante la juventud que en
   apariencia se nos va.

9 de enero de 1987

DESAGRAVIO

Para A. Z.

No tienes enemigos personales, sino que defendiste a la
    que amas,
La defendiste cuando otros salieron también a ladrarle,
Y ahora ves a los gozques condecorados, alabados,
    lamidos,
Mientras tú permaneces junto a la que amas (tu causa es
    de amor),
La agredida, la pateada, la burlada, la que quisieron
    emputecer
Con palabras que rechazaste indignado como si se tratara
    de tu novia (es tu novia):
Montoncito de ideas ardiendo en mitad del mal tiempo.
Los gozques regresan fatigados de homenajes a las
    mansiones
Que abandonaste hace treinta años y no te has arrepentido
    de nada.
No te vas a arrepentir. No tienes de qué arrepentirte.
Decidiste quedar junto a los que no tenían letras ni
    distinciones ni amigos poderosos.
No escribiste nunca en papeles pagados por la traición.
No escupiste a la que estaba contra la pared
Dando manotazos de herida frente a la jauría.
No perteneces a ningún bando del imperio.

Sólo aspiras, al igual que la muchacha médica que se va a
    África, a seguir sirviendo,
Aunque duelan tus servicios como duele el escalpelo
En la carne del cuerpo que va a salvar.
No aspiras a más gloria que ésa, y luego aspiras al olvido
Que venturosamente ya se te está concediendo.

A MI AMADA

En el Día de los Enamorados, el domingo, he despedido
   a mi amada.
Subió al ómnibus de la mano de su compañero,
Que en la otra mano llevaba una guitarra remendada.
Se sentaron sonrientes en el primer asiento: ella ocultaba
   su tristeza con un giro de sus bellos ojos,
Y él estaba ya proyectando aventuras, cacerías, veladas con
   música.
Los rodeaban nuevos amigos que aún ignoraban que lo
   eran:
Iban a empezar a conocerse en un largo viaje,
Cambiando de avión en Madrid, en Roma, hasta llegar a
   su destino,
Su destino de médicos durante dos años.
Fui a buscar una flor, o al menos una hoja de árbol,
Para dársela como hacía cuando ella regresaba cada
   domingo a su beca.
Pero el ómnibus empezó a ronronear, y tuve que regresar
   de prisa.
Mi amada había descendido y me esperaba en la calle.
Apenas nos abrazamos. No teníamos tiempo. Quizá
   tampoco teníamos fuerza.
Regresó a su asiento. Movimos nuestras manos en el aire
   del mediodía.

Sé que lleva en su maletín dos dólares y unos centavos y
    una novela alucinada.
Confío en que le duren los tres días del viaje.
Luego empezará su otra vida, su otra novela, de médica en
    África,
De médica en Zambia, adonde mi hija ha marchado,
En el Día de los Enamorados, de la mano de su gallardo
    compañero de barba roja.

—Sé útil. Sé feliz. Este triste está orgulloso de ti.
Te espero siempre, amada.

La Habana, febrero de 1988

De *AQUÍ*

(1989-1994)

Para
Adelaida
Tere
Laidi
Leiden
Robin
Rubén
los más míos
aquí

«El amor es quien ve»

MARTÍ

ESTÁ

Ella está echada en la penumbra humedeciendo la
    madrugada inicial
Hay un jardín en ella y él está deslumbrado en ese jardín
Florece entera para él se estremecen callan con el mismo
    rumor
La noche va a ser cortada por un viaje como por una espada
Intercambian libros papeles promesas
Ninguno de los dos sabe aún lo que se han prometido
Se visten se besan se separan
Ella sale a la oscuridad acaso al olvido
Cuando él regresa al cuarto la encuentra echada en la
    penumbra húmeda
Nunca ha partido nunca partirá

EL PRIMER OTOÑO DE SUS OJOS

Hojas color de hierro color de sangre color de oro
Pedazos del castillo del día
Sobre los muertos pensativos

Mientras la luz se filtra entre las ramas
El aire frío esparce las memorias

Es el primer otoño de sus ojos

Cuánto camino andado hasta la huesa
Donde se han ido ahilando
Los amigos nocturnos del vino
Y los lejanos maestros

Quedar como ellos profiriendo flores
Quedar como ellos perfumando umbrosos
Quedar juntos y dialogar
En plantas renacientes
Para que nuevos ojos escuchen mañana
En el cristal de otoño
Los murmullos de corazones desvanecidos

POR PRIMERA VEZ

En países y más países
Casas hoteles embajadas
Suelos hamacas autos tierra
Rodeados de agua o sobre el lino

Olor de desnudez primera
Vasija de arcilla sonora
Sorprendente augusta profunda
Camanances colinas bosques

Como leones como santos
Lo antiguo lo simple lo súbito
La plegaria el descubrimiento
La conquista la reconquista
El relámpago de ojos de humo

Cada desgarradura sólo
Para encenderse con más fuego
Con más seguridad de aurora
Ya él no puede perderla más
Ya la perdió toda una vida
Ahora de nuevo y para siempre
Va a amarla por primera vez

MI HIJA MAYOR VA A BUENOS AIRES

A Silvia Werthein y Juan
Carlos Volnovich príncipes
Y a Teresa

1

Mi hija mayor va a Buenos Aires
Casi con la misma edad que yo tenía
Cuando en 1961 estuve por primera vez allí
Y en el vestíbulo del hotel recién llegado y a sus ojos muy
    joven
Fryda Schultz tan fina tan dibujada
Me dijo que mantenía correspondencia con mi padre
De quien había recibido un libro de poemas
Y me vi obligado a responderle que cuando yo era niño
Mi padre había publicado un libro pero a pesar de su bella
    dedicatoria
A *Obdulia* mi madre *que con tanta abnegación*
    lo ayudaba *a sostener el peñón de Sísifo*
(¿Tendré que añadir que entonces Albert Camus era casi
    un adolescente?)
Y a sus hijos es decir a nosotros que con el tiempo íbamos
    a considerarnos los Karamazov
A pesar digo de esa dedicatoria era un libro de contabilidad
Y también a pesar de que él era más digno de mantener
    relaciones con ella que yo
Era conmigo que ella se carteaba
Y era mío el libro que ella había recibido
Poco después conocí a mis hermanos destinados
Como Juancito Gelman que me regaló sus breves y ya
    estremecedores libros primeros
Y en *El juego en que andamos* me puso esta dedicatoria

A Roberto / revolución de por medio / tu hermanísimo /
Juan / Baires, diciembre 61
Y empezamos a intercambiarnos poemas cartas del uno
  para el otro
Y su poesía su dolor sus preguntas crecieron tanto que su
  luz su sombra se extienden sobre todo el Continente
Como Paquito Urondo que al igual que Juancito y tantos
  otros poetas entrañables
Había nacido en 1930 el mismo año que yo
Y ya había publicado un libro con el título de otro que yo
  iba a publicar
Aunque el suyo por supuesto me gusta más
Y un día quizá en su último poema
Conversó conmigo por aquellos versos sobre los hombres
  de transición
Seguramente sin saber que tales versos a su vez
Eran resultado y parte de una conversación inconclusa
  que tuve con el Che
Y otro día iba a morir combatiendo
Y yo le escribiría un llanto que quise terminar con
  esperanza
Pero sé porque él me lo escribió desde Caracas
Que entristeció al sempiterno joven León Rozichtner
A Rodolfo Walsh ya lo había conocido en La Habana
  cuando con Masetti Gabo y otros tercos locos llevaban
  adelante Prensa Latina
Rodolfo me presentó a la entrada de una pequeña librería
  habanera a Waldo Frank
Cuyo amoroso libro sobre Cuba iba a contribuir tanto a
  alterar el destino de mi Julio Cortázar
Que en los últimos veinte años de su vida formó parte
  completamente de la nuestra
En las alegrías y en los dolores en los aciertos y en los
  desaciertos en lo que aprendíamos y en lo que
  desaprendíamos
A César Fernández Moreno a Haroldo Conti a Mimi Langer
Para sólo nombrar aquí a algunos hermanos idos
Los iba a conocer en Cuba y volví a verlos en Francia en
  México en muchas partes

César murió como de un rayo del corazón que debe ser la
muerte de los elegidos de los dioses
Julio y Mimi fueron carcomidos por atroces y minuciosas
enfermedades
De las que me escribían con sereno valor como si
estuvieran hablándome de cosas impersonales
A Rodolfo y a Haroldo me los desaparecieron me los
asesinaron
Y nadie sabe dónde quedaron sus huesecitos su polvo

2

Mi hija mayor va a Buenos Aires
Casi con la misma edad que yo tenía
Cuando en casa de María Rosa Oliver con ella y Ernesto
Sábato
Y la linda gente de *El Grillo de Papel* o *El Escarabajo de
Oro* es decir de lo mismo
Proyectamos una revista latinoamericana
Como la que habíamos proyectado el año anterior
Édouard Glissant y yo
En París sobre todo en casa de Fifa Soto
Y como la que volveríamos a proyectar
Con Miguel Ángel Asturias José María Arguedas Ángel
Rama y otros amigos en Génova en enero de 1965
En ninguno de los tres casos el proyecto se hizo realidad
Y cuando en marzo de ese año 1965 viajé por azar con el
Che de Praga a La Habana
Le hablé de tal revista de letras e ideas
Que no comprometiera a gobiernos ni a partidos
Y él me dijo que sí que debía ser una revista dirigida por
un inconciente
Yo le respondí que eso mismo y rompimos a reír como
muchachos
Poco tiempo después de nuestro regreso
Haydee Santamaría puso en mis manos la revista *Casa de
las Américas*

Y le mandé al Che al Ministerio de Industrias unas líneas
    urgentes para decirle que ya teníamos revista
Y además le mandé una carta polémica e inútil y aquel
    poema que comentó Paquito Urondo
Aquel poema casi tan largo como presumo que será éste
Pero el Che estaba preparándose para irse de Cuba o ya se
    había ido
Y empezó a hacerme hasta hoy hasta siempre una falta sin
    fondo
Como le dijo César Vallejo a Miguel su hermano muerto

AQUÍ

Aquí vivió Brecht
Aquí está la máscara del mal
Sobre la que hizo aquel poema
Aquí está la estufa que le dio calor
Aquí están los tomos de Lenin intensamente anotados
Y los libros prohibidos
Aquí está la mesa donde escribía
Y desde la cual miraba el cementerio
En que iba a ser enterrado
Aquí está el cuadro chino del hombre que duda
Coronando su cuarto de dormir
Aquí recibía a los amigos
Aquí pensaba
Aquí discutía
Aquí sufría
Aquí proyectaba cosas mejores
Aquí por algún lado
Está el mensaje que me dejara
Y que busco y busco sin encontrar
O acaso he recibido ya
Aquí vivió Brecht

Berlín-La Habana 1988

DUERME SUEÑA HAZ

«Duerme bajo los Ángeles, sueña bajo los Santos»

RUBÉN DARÍO

Echan abajo muros que nunca debieron existir
Y levantan o refuerzan otros que no deben existir tampoco
Y un día serán a su vez abajados con estruendo
Avanzan tanques en la sombra
Derriban estatuas de gallardos combatientes
Cuyas imágenes verdaderas fueron erigidas para siempre
  en el alma
Desaparecen o aparecen o se desgarran países
Y otros son invadidos mutilados
Y hay lugares donde se celebra con fiestas de colores el
  crimen
Que denuncia una vocecita de niña sola entre altos
  cristales
Cambian de rumbo armas que ahora sólo apuntan al Sur

Y tú
Príncipe campeón pirata capitán copo de plumas
Robin por ahora de bosques de lino
Tigre rojo
En quien tras muchas décadas han reaparecido enlazados
Los nombres de los hijos mayores
De quienes se alegrarían tanto de saberlo
Si no fueran ya polvo en la sombra sombra en el polvo
Tú
Deseado en largas noches de África
Concebido en Cuba por amor para el amor
Sin saber que en tus hombros hoy de rosa

Debes sostener las constelaciones de fuego y la historia
Más rigurosa más implacable que las constelaciones
Estás cumpliendo tus primeros dos meses de haber venido
A este extraño planeta a esta increíble casa en llamas
Y como naciste águila y no serpiente de cascabel
Potro libre en la llanura y no borrego
Te toca rehacerla y engrandecerla
Palmo a palmo
Trino a trino
Flor a flor

Perdónalos
Perdónanos
Perdóname
Phocás

Playa de Jibacoa La Habana 28 de agosto de 1991

LA VEO ENCANECER

La veo encanecer sobre los rasgos que amé en otra cara
    cuando su presencia era sólo un ardiente deseo
Sobre los rasgos que después se repitieron y florecieron
    ante mis ojos maravillados
Ahora batalla contra dolores ajenos que hace suyos y se
    derrama en los otros con la misma tenacidad
Con que volvía del colegio enarbolando relucientes
    colores
O de la beca con una confianza que nos avergonzaba en
    que su escuela era la mejor del mundo
Ya no cree en esas ilusiones ni en tantas otras e ignora aún
    como ignoramos todos
Que las creencias reales no desaparecen se hunden y
    transfiguran
Una semilla un conato verde un arbusto unas flores
Que esparcen sus semillas en el viento
Y alivia penas siembra certidumbres tan imprescindibles
    como imposibles
Porque al cabo La Sin Ojos puede más y nos arrastra hueco
    abajo
Detiene corazones de verdad inflama riñones desgarra
El estómago el hígado la garganta el pulmón
Pulveriza columnas y castillos confunde

A la pobre jactanciosa ave a la cual rompe la brújula que
    señala entonces los cuatro puntos cardinales a la vez
Y no puede impedir que irrumpan pensamientos no
    pensados
Ruidos fétidos en la cinta de la sonata cristalina
Quién salvará querida Haydee Raúl querido a los pasajeros
    de la barca
Con el cangrejo la soga la oreja cortada y el disparo

Regresan las palabras que me enviara niña a la lejana
    guerra bárbara
Y que luego la hicieron sonrojar y el olvido pretendió
    desvanecer piadosamente
Regresan sin quererlo sin saberlo
En los cuentos africanos inesperados o quizá siempre
    esperados
De que habla en la cerrada tiniebla
No le vemos el rostro sobre el cual encanece
Sólo nos llega su voz encendida por la conversación del
    amigo generoso
Sólo vemos algunas estrellas vagas siluetas de gatos como
    Música
Y de vez en cuando ráfagas de autos la punta roja del
    cigarro
Titilando entre las plantas embozadas del portal y el jardín

Dios mío en que no puedo creer cómo será
La visita de situaciones y personajes imperiosamente
    reclamados
Cuando da consulta cuando friega cuando intenta
    descansar
Cuando los dos años del capitán exigen su ternura de
    pájara su alerta de pantera
Qué conoce de esas aventuras quien traza en verso o en
    prosa rota para pedir
Otra mirada luz para su desvarío
Quien traza sobre el papel signos como monedas antiguas
Sobrevivientes después del cambio de moneda en la mano

Del que no tiene tiempo ni deseo para buscar otra aunque
    sepa bien
Que después del cambio una moneda con la cual nada se
    puede comprar
Ya no es una moneda sino un simple pedazo de metal
Más parecido a una vasija acaso venerable o mejor
Al trasto echado en el cesto que ahora hasta él escasea
Cómo será Dios mío
Sólo inventé seres para mis breves crédulas
Como las figuras que el techo carcomido ofrecía
O como Paco Robarroz cuyo nombre escribo esta
    madrugada por vez primera

La oigo encanecer mientras la penumbra hace avanzar sus
    pabellones
O sobre todo llega de pronto interrumpiendo
Programas y lecturas y escrituras
Estas mismas líneas las borroneo a la dudosa luz de una
    linterna agonizante
Porque me han arrancado del sueño me han demandado
Salir afuera y yo las obedezco con molestia y entusiasmo
Pues aunque necesitaba dormir estoy fatigado quizá
    enfermo
He nacido y es mi felicidad para cauce de ellas
A las cuales no les importa que sean o no aceptadas Lo que
    quieren lo que requieren
Es echarse sobre el papel como la amada criatura desnuda
    sobre la sábana
No tanto para el goce como para otro nacimiento
La oigo encanecer y sin embargo las palabras reverdecen
    en ella
Contra lo oscuro contra la enfermedad
Contra la descreencia contra la lasitud
Toda la noche esplende como un palacio iluminado
Cuando su voz llena el aire de peripecias que trajo al
    mundo
Este pobre mundo que alguien trajo a su vez
Y ahora está detenido en la inmensidad
Sobre la cabecita de una dulce niña que encanece

Mientras la escuchamos con un amor sin bordes
Similar a la tan difícil pero irrenunciable esperanza

La Habana 28 de julio de 1993

ALLAN ESCRIBE A LIU QUE ESTÁ EN CUBA

Los arrojó de Francia la guerra y los separó
Como a ese casal de pájaros salvajes de que hablara Chejov
Él fue a parar a los Estados Unidos
Y ella volvió a ratos a la Isla deslumbrante y lejana a que
    aludió el otro Heredia
Él le escribió y le escribió pero no con su palabra de
    príncipe sin fronteras
Hecha a los vastos espacios de la tierra y el mar
Atravesados por grandes bestias y aves altaneras
Ni con su palabra de documento confidencial
Sino que le decía las cosas que se dicen los enamorados

Mi pobre amor le escribía y le mencionaba sus *dos islas
    vecinas*
*Cuyo parentesco simboliza un poco nuestra extraña
    alianza*
O le añadía sorprendentemente
*Es en la provincia de Camagüey en tu Isla donde quisiera
    no sé por qué volver a encontrarte*
O indagaba por el clima de La Habana
Como quien se ilusiona con proyectar un viaje
O le confesaba que apenas podía resistir el deseo de una
    fuga clandestina a su Isla
Qué tristeza que nunca lo haya hecho

Y nos perdiéramos el que nuestros árboles lustrosos y
    nuestro agolpado calor tan cercano a los de su infancia
Hubieran estado entre sus voces soberanas que
    afortunadamente en vano quiso impersonales

Él le escribió a la Quinta Palatino en El Cerro
Donde la singular madre de ella tuvo una imponente
    colección de monos y un Salón
Sobre las interioridades del cual el contertulio Pedro
    Henríquez Ureña le hacía comentarios al joven Alfonso
    Reyes
La Quinta frente a cuyas altas rejas
Yo cruzaba de niño sobrecogido por las leyendas que me
    contaba mi madre

También le escribió al Gran Hotel del Balneario de San
    Miguel de los Baños en Matanzas
Desde el que poco después José Rodríguez Feo se
    comunicaría con Wallace Stevens
Encendiendo en él un misterioso poema
Y en que más tarde estuve entre escritores jóvenes
Con el inevitable e imposible recuerdo de un Marienbad
    no visto.

Y por último le escribió al Hotel Presidente en El Vedado
Surgido casi junto conmigo y que yo visitaba a los tres años
    con uno de mis tíos
Para mirar a los botones no mucho mayores que yo
    entonces
Cuyas figuras repetía mi mano izquierda en las paredes de
    mi casa de la Calle Tercera
A unos metros de donde iba a estar la Casa de las Américas

Él firmaba las cartas a Liu
Con la A de Allan y también de su verdadero nombre
El del poderoso y luego doliente ciudadano francés
Nacido en la vecina isla de Guadalupe
A Liu los demás le decían Lilita y también Madame Henraux
Cuyo nombre de soltera fue Rosalía Sánchez Abreu

Y ese segundo apellido suyo es en Cuba una bandera
La estatua de su tía abuela la fiera independentista Marta
    Abreu rige el Parque Córdoba en La Víbora
Donde yo daba cita a muchachas que nunca iban
Hasta que años después una llegó al fin
Mi hija más pequeña que regresaba de la beca
La madre de Liu que se llamaba y acaso era como ella
Llenó al país de ráfagas brillantes y oscuras como un
    castillo entre relámpagos

Gracias a esa familia Cuba tenía desde 1933 una bella Casa
    en la Ciudad Universitaria de París
Allí vivía yo como estudiante cuando en el otoño de 1955
La viuda del hispanista que la dirigía
Me pidió que fuera al entierro de una integrante de la
    ilustre familia
Treinta y dos años después al leer las cartas del poeta
    publicadas en su centenario
Me entero con sorpresa y emoción de que aquella mañana
    lluviosa
Entre desconocidos rostros graves y un rostro que
    pretende imponer mi memoria
Yo había echado una rosa oscura
Sobre el féretro donde quedarían en tierra francesa
Los restos de la dama cubana que fue el gran amor
El difícil amor de Saint-John Perse

Los restos se deshacen bajo otras lluvias y otros vientos
Las palabras que persiguieron anhelantes a la extranjera
    de una residencia a otra
Siguen revoloteando en la Isla que casi sin saberlo recibió
    aquel vespertino amor de plata
Como la tierra recibe una inesperada rosa oscura

CON HAROLDO CONTI
PARA QUE COMO HAYDEE NUNCA SE MUERA

Agradecido a J. E. P.

(Yo sé que debe estar en alguna parte sobre esta misma tierra hablando sobre el futuro y el día que vendrá y espero toparme con él un día de éstos, en la primera vuelta del camino.)

Acabo de encontrarte en la calle 23 con Marta del brazo
    (felices ambos como si flotaran aunque hay un sol que
    raja las piedras)
Apenas a unos metros de mi casa de El Vedado donde te
    escribo estas líneas
No precisamente para contestar tu última carta que se
    había quedado sin respuesta
Sino para hablar al fin aunque sea un poco de las cosas
    que escribes y tanto nos gustan
Y también de las que no has escrito todavía

En el momento de encontrarnos azarosamente en la calle
    23
Ya he leído tocado sentido olido esas páginas tuyas
Llenas de barcos de aguas de canciones de atardeceres
De vagabundos de criaturas que cruzan incansablemente
Y de los pobres animales que acorralan y aíslan
Y del que roba al suyo amado
Y lo persiguen sin misericordia porque cómo va a dejarse
Que un niño se ponga a terminar con la grisura
Por cierto que al leer la dedicatoria de *Alrededor de la
    jaula*
No imaginaba que iba a conocer al capitán Marcelo (a
    Alejandra aún no la he conocido) y él me regalaría

Un ejemplar de *En vida* ese gran libro triste con tan
   hermosas líneas trazadas por su mano

Cuando tú y yo nos vimos a media cuadra de mi casa
(En la otra grande donde se te sigue queriendo y
   esperando como el primer día
Nos hemos visto tantas veces!)
Todavía no has ganado el Premio con la jocunda
   estremecedora *Mascaró*
Ni has publicado todavía *La balada del álamo carolina*
Y hasta hoy no ha llegado a aparecer *Variaciones sobre un
   tema de Durero*
El libro del que debía formar parte según me dijiste el
   cuento «Con gringo» aparecido en la revista *Casa*
(¿Sería en ese libro donde ibas a incluir «A la diestra»
Que Marta nos daría después y también enriqueció a la
   revista?)

Luego fui sabiendo que los nombres cabales de tus gentes
Los fuiste tomando de familiares de amigos de Chacabuco
   del Tigre de La Paloma tu otro zoológico
Los fuiste arrancando naturalmente de la increíble
   realidad
Y sabe Dios cuántas cosas más de quienes llevan esos
   nombres
Como hizo Vallejo con sus combatientes españoles
Tan poderosamente imaginativos que debió haberse
   sabido siempre
Que eran textuales como el orgasmo y la desolación
¿Y de qué otra manera aludir a aquello por lo que se vive
   y se muere
Sin énfasis ni golillas moradas
Sino como la Joda de Julio o tu Gran Circo del Arca
Que ayudó a que con razón Mario emparentara tu libro
   con *La strada*?
Pero todo lo que escribiste todo lo que viviste sin levantar
   barrotes
Es como un espectáculo fabuloso
Donde entran y salen personas de carne y sueño

*(¿Que carajo importa aquí la vida real? ¿Un sueño no es
    algo real?)*
Personas que se dejan y se cambian los nombres

Me cuesta trabajo recordar cuándo apareciste por primera
    vez Oreste
Y empezaste a reaparecer y a tomar caminos como ríos
Y hasta anticipaste que serías apresado por los horribles
    rurales/urbanos
Que serán implacables con un niño azorado
Con un hombre valiente
Con los que reparten la libertad como los panes
Los panes como una cascada de fuego en la perfumada
    noche
Los que oyen crecer latir pensar a un álamo
Los que andan en la luz
Los que pujan y besan y muerden y se juegan el alma
Para que el viejo león sea más feliz entre los suyos

Sabemos que en un barco minucioso y gastado o en un
    extraño pájaro
O en un caballo sobre el monte
Te fuiste a hacer cosas imprescindibles
Y claro no te lo perdonaron
Pero sigues haciéndolas y los muchachos se disputan tus
    papeles
Rapi filma lindamente al Cazador
Tus hijos crecen adoloridos y orgullosos como tus amigos
Mientras tú continúas volando hacia el mar
Al que estás llegando siempre
Porque quién va a creer que Haroldo Conti va a morirse
O que va a morirse nuestra Haydee de aquel pistoletazo
    que empezó hace añales un 26
Mientras haya necesidad de la belleza necesidad de la
    justicia
Necesidad

(Mientras siga encendida mi casa vivirá.)

La Habana 28 de enero de 1994

TRÉBOL PARA RAÚL HERNÁNDEZ NOVÁS

1

A Luisa Campuzano

Estás allí sentado en el sillón
Hablando al fin hablando hasta los codos
De tu libro robado en esos modos
Que conservabas en tu corazón

Para un momento como éste de ira
Casi sagrada que te hace temblar
Mientras te oigo y te oigo sin hablar
Esta vez yo y mi estupor te mira

Y casi que agradezco a aquel malvado
Que sin saberlo ni quererlo te
Hizo sacar de tu alma así incendiada

La catarata de algo que no sé
Pero pienso que pudo haber parado
Por un rato tu caída hacia la nada

2

A Monique Lemaître

La padecías pero la requebrabas
Te hacía sufrir pero algo en ti sabía
Que sólo ella al cabo te daría
La paz que tanto tú necesitabas

Como si fuera una mujer la amabas
La insomne noche y el amargo día
Ella era la mujer que te quería
Ella era la novia que soñabas

Adonde fueras ella iba contigo
Era acaso tu sola compañera
Terrible pero amable flor y espina

Toda la vida le entregaste amigo
Con tal de que callada te quisiera
Con la mirada de la Gelsomina

3

A Jorge Luis Arcos

Ahora tu Gelsomina ya no existe
Ahora hasta tu muerte se murió
Ya cumplió su misión pues que le dio
Alivio al ser más desolado y triste

Sólo fuiste feliz cuando la viste
Cuando en tu boca su boca estampó
Su sí total sin sospecha de no
Y en su regazo suave te dormiste

Tenía de madre y de muchacha nueva
Tenía el esplendor de un claro gozo
Era la luz la soberana prueba

Oíste el silencio Ya no más sollozo
Ni chirrido ni náusea ni estridor
No fue bueno pero fue lo mejor

LAS COSAS QUE TÚ AMABAS

A Bella clarísima razón

Están aquí y a la vez te las llevaste contigo
Las seguimos mirando y tocando pero sabemos que son
    otras
Beso a tus gentes mías visito tus estancias acaricio tus
    libros
Me detengo ante tus fotos y grabados
Recorro tus calles me siento en tus parques
Y sé que están y no están allí
No existieron del todo hasta que las nombraste
Y sin ti van regresando al seno materno
De donde las sacabas con dolor y delicadeza de parto

Tus palabras están en pie como tus soldaditos de plomo
Listas para dar las batallas que les ordenaste
Las hay claras y pardas azules y rojas verdes y doradas
Engalanadas como mariscales y humildes como soldados
    rasos
Y hay jinetes y granaderos y abanderados y cornetas
Por ellas sigues con nosotros
Y vas a seguir siempre en la alegría y en la desolación
Pero quién vio jamás las cosas que tú amabas

ALLÁ LEJOS

De repente un olor a Nicaragua
A hierba a carretera a pueblo a polvo
A lagos a marismas a islas a
Playas abandonadas a palmeras
Una rara pobreza con sonrisa
Pregones en el alba que retornan
Música de la costa bajo estrellas
Una guitarra una profunda voz
Entre hermanas y hermanos y esperanzas
Templos donde hay verdades hay amores
Armas de nuevo con destino hermoso
La ilusión de que estoy en mi país
Y al fondo un horizonte de volcanes
La que por años fue la vida mía

De repente un dolor de Nicaragua

PÁGINA ARRANCADA DEL DIARIO DE

Represento entre los triunfadores a ustedes derrotados
  mis hermanos
Me preparé para perder estaba tan seguro para perder
  hogar y juegos
Para fracasar en los estudios para que me enamoraran a
  quien quiero
Para no casarme para no tener hijos
Para una casa oscura y húmeda y de prestado
Para un trabajo del que seguramente me arrojarían
Por balbuceante temblequeante incapaz
Para que me negaran el saludo
Para que rechazaran mis páginas
Para que me descubrieran en flagrante ridículo
Y aún más para ser un monstruo
Hecho hasta la mitad o saliendo del pecho de un hermano
También me preparé para morir

Todo o casi todo ha salido de otra manera
Por sabe Dios qué golpe de los dados
Aunque todavía en la súbita madrugada
Me despierte la certidumbre de la vida
Que es la inconsolable certidumbre de la muerte
Pero los dados no pueden engañarnos demasiado
Sigo siendo uno de ustedes

Locos tristes ladrones robados mendigos masticados
    monstruos
Hermanos

UNA SALVA DE PORVENIR

A Jacqueline y Claude Julien
A Fina y Cintio

«A chaque effondrement des preuves
le poète repond par une salve d'avenir»

RENÉ CHAR

No hay pruebas
Las pruebas son que no hay pruebas
No estaban no están no estarán dadas las condiciones
Creer porque es absurdo
Y creemos
Más absurdo que creer es ser
Y somos
Nada garantiza que fuera menos absurdo
No ser ni creer
Las llamadas pruebas yacen por tierra
Húmedas reliquias de la nave
Se derrumbaron las estatuas mientras dormíamos
Eran de piedra de mármol de bronce
Eran de ceniza
Y un grito de ánades las hizo huir en bandadas

No guardar tesoros donde
La humedad los bichitos los mordisqueen
No guardar tesoros
El tesoro es no guardarlos
El tesoro es creer
El tesoro es ser

No existen las hazañas ni los horrores del pasado
El presente es más veloz que la lectura de estas mismas
　　palabras
El poeta saluda las cosas por venir
Con una salva en la noche oscura
Sólo lo difícil
Sólo lo oscuro
Y contra él en él el fuego levantando
Su columna viva dorada real

El amor es
Quien ve

París-La Habana 1992-1994

VERSOS NO RECOGIDOS AÚN EN LIBRO

(1994-1998)

VICTORIA

Volví a verla en el hospital de cancerosos
Donde mi padre se moría
Le pedí que me lo cuidara
Y me respondió que ella lo hacía con todos
Con todas
Al regresar yo ella estaba
Fregando de rodillas el piso con luz en el rostro
Le llevaba una rosa roja y me dijo
Que la aceptaría esa única vez
Porque seguramente yo ignoraba que ellas
No podían (ni querían) recibir ningún regalo
¿Ni siquiera un libro? ¿No había al menos un libro que
    necesitara?
Ni siquiera un libro

Cuando yo era un muchacho tímido y solitario al que quizá
    no llegó a saludar
Ella era de los mayores en la Facultad de Filosofía y Letras
La de la inolvidable belleza morena
La inteligente la grave la audaz
Queríamos hacer un mundo mejor
Que ese cruel y feo y sin embargo extrañamente amado
En que nos había tocado nacer
Y buscábamos en libros respuestas a nuestras preguntas

En libros atestados de preguntas que a menudo nos
    distraían

Se fue a Francia antes que nosotros para seguir buscando
Ricardo con su férvida voz neblinosa
Me habló luego de ella de lo que estaba ocurriendo en ella
Estudiaba con un gran maestro a quien tanto admirábamos
Por lo que conocía y por lo que padecía
El maestro se dio cuenta de quién era y le pidió que
    quedara a su lado
Pero ella ya no podía hacerlo
No podía quedar junto a nadie en ningún lugar
Otro (así creía ella) la había conquistado
Para nadie sería su belleza
Para nadie su avidez de saber su necesidad de justicia
O para todos

Me dicen que estuvo en Asia sirviendo oscuramente como
    hizo siempre adonde la enviaran
La había encontrado en Santiago de Cuba en 1959
Gris era su ropa y alumbrada su sonrisa
Ha muerto no hace mucho atravesando la Isla en un
    humilde tren
En que viajaba con otras monjas como ella
Se sintió mal Fue al baño de donde no salió viva
El corazón

Ahora no puedes impedirme que ponga una flor entre tu
    sombra
Victoria ¿Victoria?

SÓLO TÚ NANCY MOREJÓN

A Marta Valdés

Sólo tú vestida de campana y cocuyos deslumbrabas así
   a mis niñas
Convencidas de que habíamos recibido la visita multicolor
De una pájara de cristal de fósforo de aire
Sólo tú escuchaste algunas notas dibujadas por la flauta
   de Richard
Sólo tú podías devolverme a Rosa mi abuela jamaiquina
Llevada en alas del pasaje Alfonso a la calle Peñalver
Sólo tú me regalaste la claridad romántica en la frescura
   de la patria
Sólo tú hiciste cruzar la más bella cotorra entre nosotros
Sólo tú eras capaz de escribir el epitafio de la inconsolable
   Ana Mendieta
Con la atroz infancia como un túnel sin fin en la memoria
Y el ávido sexo de pequeña golondrina añorando su tierra
Sólo tú viste ciertos paisajes célebres
Del Caribe de México de los Estados Unidos de África del
   Sur
Sólo para que tú los trasladases a tu lengua de ojos
   entrecerrados
Se inventaron en lugares distantes los enigmas del francés
   y el inglés
Y hermanos como Édouard Glissant y Kamau Brathwaite
   los aclimataron en nuestras islas

Sólo tú mujer negra hecha de amor y de dolor de risa y de
tristeza
Sólo tú hija grande
Sólo tú Nancy Morejón
Eres hoy esta muchacha de sorprendente tiempo que
ilumina
Con la poesía de Felipe el padre mientras contempla un
barco en la tarde
De Angélica la madre princesa del señorío absoluto
En la casa pobre y lujosa a la cual se asoma lo más puro
del cielo estrellado

ALGUIEN ME PIDIÓ UNA ROSA DE RILKE

Y entonces regresaron
Las Cartas leídas por el atormentado joven poeta que fui
El anhelante Corneta adolescente en la noche de la guerra
Las páginas sobre quien dio alas a la piedra temblor al
    bronce
Los Cuadernos que me producían angustia
Como la América de otro extraño hijo de Praga
Las Elegías con el ángel terrible pero necesario de la
    belleza
Los Sonetos y en ellos una flor cuyo nombre tampoco él
    sabía
El Diario hecho a orillas del río en la mansión de Florencia
Donde más tarde yo iba a estar con una marquesa y unos
    amigos

Tantas horas tantas imágenes tanto viento de infancia
Tanta penumbra iluminada tantos lugares que antaño
    fueron míos
En La Víbora lejana   mi total cercanía

Registro viejos papeles amados y escojo estas rosas
Escritas por la mano absoluta del poeta

Luego sería la rosa final la de la espina

DE CUYA MÁGICA BELLEZA

Como la sonata de Vinteuil que todos creemos que es la
    de César Franck
Pero en realidad nadie ha escuchado su violín y su piano
    agonizantes
Salvo personajes en el tiempo perdido

O como el óleo descrito con morosidad en el relato
Que tampoco ha visto nadie sino fantasmas de letras

Así ante los ojos otoñales surge esta muchacha entre
    perfecta y ambigua
Tan parecida a un mármol helenístico
O a una fragante doncella de Boticelli
De cuya mágica belleza no es posible dudar
Aunque sí de su existencia

AGRADECIENDO
EL REGALO DE UNA PLUMA DE FAISÁN

Con esta hermosa pluma tornasolada puedo
Escribir las palabras en que García Lorca
Dijo
        Herido de amor huido
Dijo que en tus ojos
Había un constante desfile de pájaros
Un temblor divino como de agua clara
Sorprendida siempre sobre el arrayán

Escribir las palabras en que Góngora dijo
A batallas de amor campos de pluma

Escribir las palabras en que Antonio Machado
Dijo
        Hoy es siempre todavía

EXPLICACIONES

Algunos de los cuadernos o libros que en el volumen se mencionan no llegaron a conocer existencia independiente, y sólo la han tenido en el seno de compilaciones mayores. Tales son los casos de *Aquellas poesías, Sí a la Revolución* (aunque la sección inicial, *Vuelta de la antigua esperanza*, había aparecido por separado en La Habana) y *Cortesía, como Reyes*: título que es, desde luego, un homenaje al libro *Cortesía*, de Alfonso Reyes. En cuanto a *Buena suerte viviendo*, que sí tuvo vida propia en una edición mexicana, su primera parte, *Historia antigua*, ya había sido publicada en La Habana y volvería a serlo en Las Palmas de Gran Canaria. Algo en cierta forma similar ocurrió con *Aquí*, pues antes de ser editado en Caracas y luego en Santa Clara, Cuba, un pedazo suyo, *Mi hija mayor va a Buenos Aires* (muy fragmentariamente recogido en el presente libro), vio la luz en La Habana.

ÍNDICE

IMPRESO EN LOS TALLERES
GRAFICOS SOCIEDAD DE SERVICIOS
DE ARTES GRAFICAS, S.L.
SEPTIEMBRE DE 1999
MADRID (ESPAÑA)